A LÉNYEGES LIBANI SZAKÁCSKÖNYV

Sajátítsa el a libanoni főzés művészetét
100 alapvető recepttel

Mirella Király

Copyright Anyag ©2024

Minden jog fenntartva

A kiadó és a szerzői jog tulajdonosának megfelelő írásos beleegyezése nélkül ennek a könyvnek egyetlen része sem használható fel vagy továbbítható semmilyen formában vagy módon, kivéve az ismertetőben használt rövid idézeteket. Ez a könyv nem helyettesítheti az orvosi, jogi vagy egyéb szakmai tanácsokat.

TARTALOMJEGYZÉK

TARTALOMJEGYZÉK **3**
BEVEZETÉS **6**
REGGELI **7**
   1. Manakish (libanoni lapos kenyér Za'atarral) 8
   2. Foul Moudammas (Fava babos reggeli) 10
   3. Labneh olívaolajjal és gyógynövényekkel 12
   4. Balila (csicseriborsó reggelizőtál) 14
   5. Kaak (libanoni szezámmagos kenyérgyűrűk) 16
   6. Zaatar Manakeesh 18
   7. Jebneh w'Jambon (libanoni sajt és sonka omlett) 21
   8. Akkawi sajtos és mézes szendvics 23
   9. Shakshuka 25
   10. Labneh és Za'atar Toast 27
NAGYOK ÉS ELŐÉTELEK **29**
   11. Falafel 30
   12. Közel-keleti Kibbeh 32
   13. Szőlőlevelek Aleppo 34
   14. Töltött hagyma 36
   15. Hummus fenyőmaggal és olívaolajjal 39
   16. Töltött Romano paprika 41
   17. Töltött padlizsán báránnyal és fenyőmaggal 44
   18. Töltött burgonya 47
   19. Baba Ghanoush 50
   20. Labneh (joghurtos sajtkrém) 52
   21. Za'atar és olívaolajos mártogatós 54
   22. Laban Bi Khiar (joghurtos és uborkás mártogatós) 56
   23. Sambousek (libanoni húsos pite) 58
   24. Libanoni sajt Fatayer 60
   25. Libanoni Sumac Kebab 62
   26. Fűszeres bárány és fűszernövény Kofta 64
   27. Libanoni pita chips 66
   28. Ghraybeh (libanoni omlós sütemény) 68
FŐÉTEL **70**
   29. Libanoni Bamia (Okra Stew) 71
   30. Libanoni rizs cérnametélttel (Roz bel Shaghriyeh) 73
   31. Libanoni csirke Shawarma 75
   32. Falafel Pita szendvics Tahini szósszal 78
   33. Báránytöltött birsalma gránátalmával és korianderrel ... 80
   34. Fejjel lefelé (Maqluba) 83
   35. Marha és birsalma 86
   36. Baharat csirke és rizs 88

37. Sült édesburgonya és friss füge 91
38. Na'ama kövér 93
39. Sült padlizsán sült hagymával 95
40. Sült vaj tök za'atarral 97
41. Fava Bean Kuku 99
42. Citromos póréhagymás fasírt 102
43. Chermoula padlizsán bulgurral és joghurttal 104
44. Sült karfiol tahinival 107
45. Svájci mángold tahinival, joghurttal és fenyőmaggal 110
46. Kofta b'siniyah 113
47. Sabih 116
48. Búzabogyó, mángold és gránátalma melasz 119
49. Balilah 121
50. Sáfrányos rizs borbolával és pisztáciával 123
51. Sofrito csirke 126
52. Vadrizs csicseriborsóval és ribizlivel 129
53. Égetett padlizsán Gránátalma magok 132
54. Árpa rizottó pácolt fetával 134
55. Sült csirke klementinnel 137
56. Mejadra 140
57. Panfried Sea Bass Harissával és Rose-val 143
58. Garnélarák, fésűkagyló és kagyló paradicsommal és fetával 146
59. Párolt fürj sárgabarackkal és tamarinddal 149
60. Buggyantott csirke freekeh-vel 152
61. Csirke hagymával és kardamom rizzsel 155
62. Marhahúsgombóc Fava babbal és citrommal 158
63. Bárányhúsgombóc borbolával, joghurttal és fűszernövényekkel 161
64. Polpettone 164
65. Bárány shawarma 167
66. Lazac steak Chraimeh szószban 170
67. Pácolt édes - savanyú hal 173

KÖRET ÉS SALÁTA **176**
68. Batata Harra (fűszeres libanoni burgonya) 177
69. Felfordított padlizsán 179
70. Sült karfiol és mogyoró saláta 181
71. Fricassee saláta 183
72. Sáfrányos csirke és gyógynövény saláta 186
73. Gyökérzöldség saláta labneh-vel 189
74. Tabbouleh 191
75. Vegyes bab saláta 193
76. Karalábé saláta 195
77. Fűszeres csicseriborsó és zöldségsaláta 197
78. Fűszeres répa, póréhagyma és dió saláta 200
79. Vaskos cukkini és paradicsom saláta 203

80. Petrezselymes és árpa saláta 206
81. Zsíros saláta 208
82. Fűszeres sárgarépa saláta 210
LEVESEK 212
83. Vízitorma és csicseriborsó leves rózsavízzel 213
84. Forró joghurt és árpaleves 216
85. Cannellini bableves és bárányleves 218
86. Tenger gyümölcsei és édeskömény leves 221
87. Pisztácia leves 224
88. Égetett padlizsán és Mograbieh leves 227
89. Paradicsom - kovászleves 230
90. Tiszta csirkeleves knaidlach-al 232
91. Fűszeres freekeh leves húsgombóccal 235
DESSZERT 238
92. Sfouf (kurkuma torta) 239
93. Mamoul dátumokkal 241
94. Baklava 244
95. Mafroukeh (Semolina és mandulás desszert) 246
96. Pirospaprika és sült tojásgalette 248
97. Gyógynövényes pite 251
98. Burekas 254
99. Ghraybeh 257
100. Mutabbaq 259
KÖVETKEZTETÉS 262

BEVEZETÉS

Ahlaan wa sahlaan! Üdvözöljük a "A LÉNYEGES LIBANI SZAKÁCSKÖNYV" -ban, amely kulcsa a libanoni konyhaművészet elsajátításának 100 alapvető recepttel. Ez a szakácskönyv a gazdag libanoni kulináris örökség ünnepe, és végigvezeti Önt a libanoni konyhát meghatározó élénk ízeken, aromás fűszereken és a régi technikákon. Csatlakozzon hozzánk egy kulináris utazásra, amely Libanon esszenciáját hozza el konyhájába.

Képzeljen el egy asztalt, amelyen mezze-krémek, illatos rizsételek és kényeztető desszertek díszítik – mindezt Libanon változatos tájai és kulturális hatásai ihlették. "Az alapvető libanoni szakácskönyv" nem csupán receptgyűjtemény; az összetevők, a hagyományok és a történetek feltárása, amelyek a libanoni konyhát ízek kárpitjává teszik. Függetlenül attól, hogy libanoni gyökerei vannak, vagy egyszerűen csak értékeli a Közel-Kelet merész és aromás ízeit, ezek a receptek úgy lettek kidolgozva, hogy végigvezetjenek a libanoni főzés bonyolultságain.

A klasszikus mezze-től, mint a hummus és a tabbouleh, az olyan jellegzetes ételekig, mint a kibbeh és a shawarma, mindegyik recept a libanoni ételeket meghatározó frissesség, merészség és vendégszeretet ünnepe. Legyen szó ünnepi összejövetelről, vagy egy hangulatos családi étkezésről, ez a szakácskönyv remek forrás ahhoz, hogy Libanon autentikus ízét terjessze asztalára.

Csatlakozzon hozzánk, miközben Bejrút kulináris tájain keresztül utazunk Byblosba, ahol minden egyes alkotás az élénk és változatos ízek tanúja, amelyek a libanoni főzést dédelgetett kulináris hagyománnyá teszik. Tehát, vegye fel a kötényét, ölelje fel a libanoni vendégszeretet szellemét, és induljon el egy ízletes utazásra a „A LÉNYEGES LIBANI SZAKÁCSKÖNYV" című könyvben.

REGGELI

1. Manakish (libanoni lapos kenyér Za'atarral)

ÖSSZETEVŐK:
- 2 1/2 csésze univerzális liszt
- 1 evőkanál cukor
- 1 evőkanál aktív száraz élesztő
- 1 csésze meleg víz
- 1/4 csésze olívaolaj
- 2 evőkanál za'atar fűszerkeverék

UTASÍTÁS:
a) A cukrot meleg vízben feloldjuk, és élesztőt szórunk rá. Hagyjuk állni 5-10 percig, amíg habos nem lesz.
b) Egy nagy tálban összekeverjük a lisztet és az olívaolajat, majd hozzáadjuk az élesztős keveréket. Addig gyúrjuk, amíg sima tésztát nem kapunk. Fedjük le és hagyjuk kelni egy órát.
c) Melegítsd elő a sütőt 245°C-ra (475°F).
d) A tésztát golyókra osztjuk és kinyújtjuk. A tetejére kenjük a za'atar-t, és aranybarnára sütjük.

2.Foul Moudammas (Fava babos reggeli)

ÖSSZETEVŐK:

- 2 doboz fava bab, lecsepegtetve és leöblítve
- 3 gerezd fokhagyma, felaprítva
- 1/4 csésze olívaolaj
- 1 teáskanál kömény
- Só és bors ízlés szerint
- Friss citromlé

UTASÍTÁS:

a) Egy serpenyőben olívaolajon aranysárgára pároljuk a fokhagymát.
b) Adjuk hozzá a fava babot, a köményt, sózzuk és borsozzuk. 5-7 percig főzzük.
c) A bab egy részét villával pépesítjük. Tálalás előtt facsarjunk a tetejére friss citromlevet.

3. Labneh olívaolajjal és gyógynövényekkel

ÖSSZETEVŐK:

- 2 csésze labneh (szűrt joghurt)
- 2 evőkanál olívaolaj
- Friss fűszernövények (menta, petrezselyem), apróra vágva
- Só ízlés szerint

UTASÍTÁS:

a) Helyezze a labneh-t egy tányérra, és hozzon létre egy mélyedést a közepén.
b) Csepegtessünk olívaolajat a labneh-re.
c) A tetejére szórjuk a friss fűszernövényeket és a sót. Pita kenyérrel tálaljuk.

4. Balila (csicseriborsó reggelizőtál)

ÖSSZETEVŐK:

2 csésze főtt csicseriborsó
2 gerezd fokhagyma, felaprítva
1/4 csésze olívaolaj
1 teáskanál kömény
Só és bors ízlés szerint
Díszítésnek apróra vágott paradicsom és petrezselyem

UTASÍTÁS:

Egy serpenyőben a fokhagymát olívaolajon illatosra pároljuk.
Adjuk hozzá a főtt csicseriborsót, a köményt, sózzuk és borsozzuk.
8-10 percig főzzük.
Tálkákba tálaljuk, apróra vágott paradicsommal és petrezselyemmel díszítve.

5.Kaak (libanoni szezámmagos kenyérgyűrűk)

ÖSSZETEVŐK:

4 csésze univerzális liszt
1 evőkanál cukor
1 evőkanál aktív száraz élesztő
1 1/2 csésze meleg víz
1/4 csésze olívaolaj
Szezámmag bevonáshoz

UTASÍTÁS:

A cukrot meleg vízben feloldjuk, és élesztőt szórunk rá. Hagyjuk állni 5-10 percig, amíg habos nem lesz.
Egy nagy tálban összekeverjük a lisztet és az olívaolajat, majd hozzáadjuk az élesztős keveréket. Addig gyúrjuk, amíg sima tésztát nem kapunk. Fedjük le és hagyjuk kelni egy órát.
Melegítsd elő a sütőt 190°C-ra (375°F).
A tésztából karikákat formázunk, bekenjük szezámmaggal, és aranybarnára sütjük.

6.Zaatar Manakeesh

ÖSSZETEVŐK:
A tésztához:

2 1/4 teáskanál (1 csomag) aktív száraz élesztő
1 csésze meleg víz
2 1/2 csésze univerzális liszt
1 teáskanál cukor
1 teáskanál só
2 evőkanál olívaolaj

A Za'atar öntethez:

1/4 csésze za'atar fűszerkeverék
3 evőkanál olívaolaj

UTASÍTÁS:
Egy tálban oldjuk fel a cukrot meleg vízben. Felszórjuk az élesztőt a vízbe, és hagyjuk állni körülbelül 5 percig, amíg habos nem lesz.
Egy nagy keverőtálban keverjük össze a lisztet és a sót. A közepébe mélyedést készítünk, és beleöntjük az élesztős keveréket és az olívaolajat.
Addig keverjük, amíg tészta képződik. A tésztát lisztezett felületen 5-7 percig gyúrjuk, amíg sima és rugalmas nem lesz.
A tésztát kivajazott tálba tesszük, nedves ruhával letakarjuk, és langyos helyen kb 1 órát kelesztjük, vagy amíg a duplájára nem kel.
Melegítsd elő a sütőt 245°C-ra (475°F). Ha van pizzaköve, tegyük be a sütőbe melegedni.
Egy kis tálban keverjük össze a za'atar fűszerkeveréket olívaolajjal, hogy kenhető keveréket kapjunk.
A megkelt tésztát kiszaggatjuk és kisebb részekre osztjuk. Minden részt golyóvá forgatunk.
Lisztezett felületen minden golyót lapos kerek formára nyújtunk (kb. 8 hüvelyk átmérőjű).
Helyezze a kinyújtott tésztát sütőpapírral bélelt tepsire vagy közvetlenül egy pizzakőre.
Minden tésztakör felületén terítsen bőséges mennyiségű za'atar és olívaolaj keveréket, hagyjon egy kis szegélyt a szélein.

Előmelegített sütőben körülbelül 10-12 percig sütjük, vagy amíg a szélei aranybarnák nem lesznek.
Vegye ki a sütőből, és hagyja hűlni a Zaatar Manakeesh-t néhány percig.
Tálalás előtt extra olívaolajat csorgathatunk a tetejére.
Néhány változat szerint apróra vágott paradicsomot, olajbogyót vagy sajtot adnak a tetejére sütés előtt.
Élvezze házi készítésű Zaatar Manakeesh-ét ízletes snackként vagy könnyű ételként!

7.Jebneh w'Jambon (libanoni sajt és sonka omlett)

ÖSSZETEVŐK:

4 tojás, felvert
1/2 csésze feta sajt, morzsolva
1/4 csésze főtt sonka, kockára vágva
2 evőkanál olívaolaj
Só és bors ízlés szerint
Díszítésnek apróra vágott zöldhagyma

UTASÍTÁS:

Egy serpenyőben közepes lángon hevítsünk olívaolajat.
Keverjük össze a felvert tojást feta sajttal, sonkával, sóval, borssal.
Öntsük a keveréket a serpenyőbe, és addig főzzük, amíg a szélei megpuhulnak. Megfordítjuk és teljesen megsütjük.
Tálalás előtt apróra vágott zöldhagymával díszítjük.

8. Akkawi sajtos és mézes szendvics

ÖSSZETEVŐK:

Akkawi sajt, szeletelve
Arab kenyér vagy pita
édesem
Dió, apróra vágva (elhagyható)
UTASÍTÁS:

Helyezzen Akkawi sajtszeleteket az arab kenyér vagy pita rétegei közé.
Addig pirítjuk a szendvicset, amíg a sajt elolvad.
Csorgassunk mézet az olvasztott sajtra.
Tetszés szerint szórjunk meg apróra vágott diót a ropogósság érdekében.

9.Shakshuka

ÖSSZETEVŐK:

- 2 evőkanál olívaolaj
- 1 hagyma, finomra vágva
- 2 kaliforniai paprika, felkockázva
- 3 gerezd fokhagyma, felaprítva
- 1 doboz (28 oz) zúzott paradicsom
- 1 teáskanál őrölt kömény
- 1 teáskanál őrölt paprika
- Só és bors ízlés szerint
- 4-6 tojás
- Friss petrezselyem a díszítéshez

UTASÍTÁS:

a) Egy nagy serpenyőben közepes lángon hevítsünk olívaolajat.
b) A hagymát és a paprikát puhára pároljuk.
c) Adjuk hozzá a darált fokhagymát, és főzzük további percig.
d) Beleöntjük a zúzott paradicsomot, és fűszerezzük köménnyel, paprikával, sóval, borssal. Körülbelül 10-15 percig pároljuk, amíg a szósz besűrűsödik.
e) A szószba kis mélyedéseket készítünk, és beleütjük a tojásokat.
f) Fedjük le a serpenyőt, és addig főzzük, amíg a tojás ízlésünk szerint megpuhul.
g) Friss petrezselyemmel díszítjük és kenyérrel tálaljuk.

10.Labneh és Za'atar Toast

ÖSSZETEVŐK:

- Labneh (szűrt joghurt)
- Za'atar fűszerkeverék
- Olivaolaj
- Pita kenyér vagy ropogós kenyér

UTASÍTÁS:

a) Kenjen bőséges mennyiségű labneh-t a pirított pita kenyérre vagy kedvenc ropogós kenyerére.
b) Megszórjuk za'atar fűszerkeverékkel.
c) Meglocsoljuk olívaolajjal.
d) Tálaljuk nyitott szendvicsként vagy kisebb darabokra vágva.

NAGYOK ÉS ELŐÉTELEK

11. Falafel

ÖSSZETEVŐK:

1 csésze szárított csicseriborsó, egy éjszakán át áztatva
1/2 hagyma, apróra vágva
2 gerezd fokhagyma, felaprítva
1/4 csésze friss petrezselyem, apróra vágva
1 tk őrölt kömény
1 tk őrölt koriander
1/2 teáskanál szódabikarbóna
Só és bors, ízlés szerint
Növényi olaj (sütéshez)

UTASÍTÁS:

A beáztatott csicseriborsót lecsepegtetjük, és konyhai robotgépbe tesszük.
Adjunk hozzá hagymát, fokhagymát, petrezselymet, köményt, koriandert, szódabikarbónát, sót és borsot.
Addig dolgozzuk, amíg a keverék durva, de jól össze nem áll.
Kis pogácsákat formázunk, és forró olajban aranybarnára sütjük.
Papírtörlőn leszűrjük és tahini szósszal tálaljuk.

12.Közel-keleti Kibbeh

ÖSSZETEVŐK:
- 2/3 csésze közepesen durva bulgur
- 1 csésze friss mentalevél
- 1 nagy hagyma, apróra vágva
- 1 teáskanál őrölt kömény
- 1 teáskanál őrölt szegfűbors
- 1 teáskanál só
- 1/2 teáskanál őrölt fekete bors
- 1 1/2 font sovány darált bárány
- 3 evőkanál olívaolaj

UTASÍTÁS:
a) Helyezze a bulgurt egy mikrohullámú sütőben használható edénybe, és fedje le vízzel, egészen a bulgur tetejéig.
b) Mikrohullámú magas fokozaton 1-2 percig, amíg a bulgur megduzzad és a víz felszívódik.
c) Röviden átforgatjuk és állni hagyjuk, amíg kihűl.
d) Helyezze a menta leveleket egy konyhai robotgép táljába.
e) Fokozatosan adjuk hozzá az apróra vágott hagymát az adagolócsövön keresztül, és addig dolgozzuk, amíg a menta és a hagyma is finomra nem vágódik.
f) A mentás-hagymás keveréket a kihűlt bulgurhoz keverjük.
g) Adjunk hozzá őrölt köményt, szegfűborsot, sót és borsot. Jól összekeverni.
h) Keverje össze a bulgur keveréket a darált bárányhússal, biztosítva az alapos keveredést.
i) A báránykeverékből nedves kézzel kis, tenyérnyi pogácsákat formázunk.
j) Melegítsünk olívaolajat egy serpenyőben közepes lángon.
k) Hozzáadjuk a kibbeh pogácsákat, és addig sütjük, amíg a külseje aranybarna nem lesz, a közepe pedig átsül, egyszer megfordítva. Ez mindkét oldalon körülbelül 6 percet vesz igénybe.
l) Tálaljuk a kibbeh pogácsákat tahinivel, szezámmagos pasztával, a hagyományos közel-keleti íz érdekében.

13.Szőlőlevelek Aleppo

ÖSSZETEVŐK:
- 1 csésze nyers fehér rizs
- 2 kiló darált bárányhús
- 1 evőkanál őrölt szegfűbors
- 1 teáskanál só
- 1 teáskanál őrölt fekete bors
- 2 (16 uncia) üveg szőlőlevél, lecsepegtetve és leöblítve
- 6 gerezd fokhagyma, szeletelve
- 1 csésze citromlé
- 2 kalamata olajbogyó (opcionális)

UTASÍTÁS:
a) A rizst hideg vízbe áztatjuk és leszűrjük.
b) Egy nagy tálban keverje össze a darált bárányhúst, az áztatott és lecsepegtetett rizst, a szegfűborsot, a sót és a fekete borsot. Jól keverjük össze.
c) Vegyünk egy szőlőlevelet, és helyezzünk körülbelül 1 evőkanál húskeveréket minden levél közepére.
d) Hajtsa át a levelet egyszer, fordítsa be a széleit mindkét oldalon, majd tekerje össze.
e) A feltekert szőlőleveleket egy nagy edénybe halmozzuk.
f) Helyezzen fokhagyma szeleteket minden réteg közé.
g) Adjunk hozzá annyi vizet, hogy ellepje a tekercseket.
h) Öntsük a citromlevet a fazékban lévő szőlőlevelekre.
i) Opcionálisan adjon hozzá kalamata olajbogyót az edénybe a további íz érdekében.
j) Helyezzen egy tányért a szőlőlevéltekercsek tetejére, hogy elmerüljenek a vízben.
k) Forraljuk fel az edényt, majd mérsékeljük a lángot.
l) Fedjük le és pároljuk 1 óra 15 percig.
m) Kóstolja meg a rizst, hogy kész legyen. A szőlőlevelek több órán keresztül is elállhatnak, hogy fokozzák az ízét.
n) Tálalja a Grape Leaves Aleppót, és élvezze a szíriai Aleppóból származó finom ízeket.

14.Töltött hagyma

ÖSSZETEVŐK:
- 4 nagy hagyma (összesen 2 font / 900 g, hámozott tömeg)
- körülbelül 1⅔ csésze / 400 ml zöldségalaplé
- 1½ evőkanál gránátalma melasz
- sót és frissen őrölt fekete borsot
- TÖLTELÉK
- 1½ evőkanál olívaolaj
- 1 csésze / 150 g finomra vágott medvehagyma
- ½ csésze / 100 g rövid szemű rizs
- ¼ csésze / 35 g fenyőmag, törve
- 2 evőkanál apróra vágott friss menta
- 2 evőkanál apróra vágott lapos petrezselyem
- 2 tk szárított menta
- 1 tk őrölt kömény
- ⅛ tk őrölt szegfűszeg
- ¼ tk őrölt szegfűbors
- ¾ teáskanál só
- ½ teáskanál frissen őrölt fekete bors
- 4 szelet citrom (elhagyható)

UTASÍTÁS:
a) Hámozzuk meg és vágjuk le körülbelül 0,5 cm-t a hagyma tetejéről és farkáról, helyezzük az apróra vágott hagymát egy nagy serpenyőbe bő vízzel, forraljuk fel, és főzzük 15 percig. Leszűrjük és félretesszük hűlni.
b) A töltelék elkészítéséhez egy közepes serpenyőben, közepes lángon hevítsük fel az olívaolajat, és adjuk hozzá a medvehagymát. 8 percig pároljuk, gyakran kevergetve, majd hozzáadjuk a többi hozzávalót, kivéve a citromkarikákat. Vegyük alacsonyra a hőt, és főzzük tovább és keverjük 10 percig.
c) Egy kis késsel vágjunk hosszú vágást a hagyma tetejétől az aljáig, egészen a közepéig úgy, hogy minden hagymarétegen csak egy rés fusson át. Kezdje el óvatosan szétválasztani a hagymarétegeket egymás után, amíg el nem éri a magot. Ne aggódjon, ha néhány réteg egy kicsit átszakad a hámláson; továbbra is használhatod őket.

d) Tartson egy réteg hagymát az egyik felfogott kezében, és kanalazzon körülbelül 1 evőkanál rizskeveréket a hagyma felébe, a tölteléket a nyílás egyik végéhez helyezze. Ne essen a kísértés, hogy többet töltsön fel, mert szépen és kényelmesen be kell csomagolni. Hajtsa rá a hagyma üres oldalát a töltött oldalára, és szorosan tekerje fel, hogy a rizst néhány réteg hagyma fedje be, a közepén levegő nélkül. Helyezzük egy közepes serpenyőbe, amelyhez fedő van, varrás oldalával lefelé, és folytassa a maradék hagymás és rizs keverékkel. A hagymát egymás mellé fektetjük a serpenyőbe, hogy ne legyen helye mozogni. Töltsön ki minden helyet a hagyma meg nem töltött részeivel. Adjunk hozzá annyi alaplét, hogy a hagyma háromnegyedét ellepje, a gránátalma melasszal együtt, és ízesítsük ¼ teáskanál sóval.
e) Fedjük le a serpenyőt, és főzzük a lehető legalacsonyabb lángon 1,5-2 órán át, amíg a folyadék el nem párolog. Tálaljuk melegen vagy szobahőmérsékleten, ízlés szerint citromkarikákkal.

15. Hummus fenyőmaggal és olívaolajjal

ÖSSZETEVŐK:
- 1 doboz (15 oz) csicseriborsó, lecsepegtetve és leöblítve
- 1/4 csésze tahini
- 1/4 csésze olívaolaj
- 2 gerezd fokhagyma, felaprítva
- 1 citrom leve
- Só ízlés szerint
- Fenyőmag és extra olívaolaj a díszítéshez

UTASÍTÁS:
a) Egy robotgépben keverje össze a csicseriborsót, a tahinit, az olívaolajat, a fokhagymát, a citromlevet és a sót.
b) Keverjük simára.
c) Egy tálba tesszük, meglocsoljuk extra olívaolajjal, és megszórjuk fenyőmaggal.

16.Töltött Romano paprika

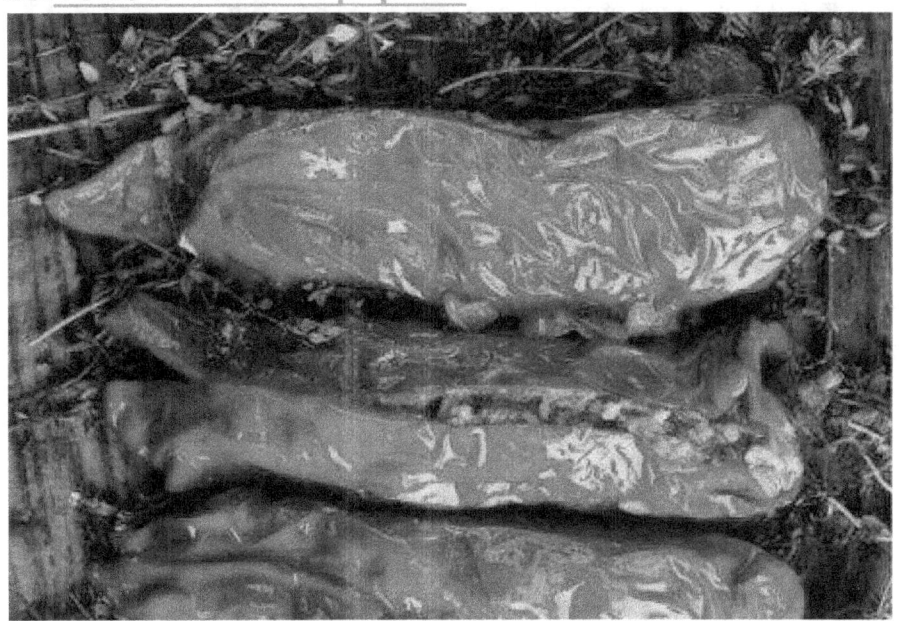

ÖSSZETEVŐK:

- 8 közepes Romano vagy más édes paprika
- 1 nagy paradicsom durvára vágva (1 csésze / 170 g összesen)
- 2 közepes hagyma, durvára vágva (1⅔ csésze / összesen 250 g)
- kb 2 csésze / 500 ml zöldségalaplé
- TÖLTELÉK
- ¾ csésze / 140 g basmati rizs
- 1½ evőkanál baharat fűszerkeverék (bolti vagy lásd a receptet)
- ½ teáskanál őrölt kardamom
- 2 evőkanál olívaolaj
- 1 nagy hagyma, apróra vágva (1⅓ csésze / 200 g összesen)
- 14 uncia / 400 g darált bárányhús
- 2½ evőkanál apróra vágott lapos petrezselyem
- 2 evőkanál apróra vágott kapor
- 1½ evőkanál szárított menta
- 1½ teáskanál cukor
- sót és frissen őrölt fekete borsot

UTASÍTÁS:

a) Kezdje a töltelékkel. Tegye a rizst egy serpenyőbe, és öntse fel enyhén sós vízzel. Forraljuk fel, majd főzzük 4 percig. Leszűrjük, hideg víz alatt felfrissítjük, majd félretesszük.

b) A fűszereket egy serpenyőben szárazon pirítjuk. Adjuk hozzá az olívaolajat és a hagymát, és pirítsuk körülbelül 7 percig, gyakran kevergetve, amíg a hagyma megpuhul. Ezt a rizzsel, hússal, fűszernövényekkel, cukorral és 1 teáskanál sóval együtt egy nagy keverőtálba öntjük. Kezével jól keverje össze az egészet.

c) A szár végétől kezdve egy kis késsel vágja le hosszában a paprika háromnegyedét anélkül, hogy eltávolítaná a szárat, és hosszú nyílást hozzon létre. Anélkül, hogy a paprikát túlságosan felnyitná, távolítsa el a magokat, majd töltse meg mindegyik paprikát azonos mennyiségű keverékkel.

d) Helyezze az apróra vágott paradicsomot és a hagymát egy nagyon nagy serpenyőbe, amelyhez szorosan zárható fedő van. Rendezzük rá a paprikákat, szorosan egymás mellé, és öntsük fel annyi alaplével, hogy a paprika oldalain hüvelyk/1 cm-rel feljebb kerüljön. ½ teáskanál sóval és kevés fekete borssal ízesítjük. Fedjük le a serpenyőt fedővel, és pároljuk a lehető legalacsonyabb lángon egy órán át. Fontos, hogy a töltelékek csak pároljuk, így a fedélnek szorosan illeszkednie kell; ügyeljen arra, hogy mindig legyen egy kevés folyadék a serpenyő alján. A paprikát melegen, nem forrón vagy szobahőmérsékleten tálaljuk.

17.Töltött padlizsán báránnyal és fenyőmaggal

ÖSSZETEVŐK:
- 4 közepes padlizsán (kb. 2½ font / 1,2 kg), hosszában félbevágva
- 6 evőkanál / 90 ml olívaolaj
- 1½ teáskanál őrölt kömény
- 1½ evőkanál édes paprika
- 1 evőkanál őrölt fahéj
- 2 közepes hagyma (12 uncia / 340 g összesen), apróra vágva
- 1 font / 500 g darált bárányhús
- 7 evőkanál / 50 g fenyőmag
- ⅔ oz / 20 g lapos petrezselyem, apróra vágva
- 2 tk paradicsompüré
- 3 tk szuperfinom cukor
- ⅔ csésze / 150 ml víz
- 1½ evőkanál frissen facsart citromlé
- 1 tk tamarind paszta
- 4 fahéj rúd
- sót és frissen őrölt fekete borsot

UTASÍTÁS:
a) Melegítsük elő a sütőt 425°F / 220°C-ra.
b) Helyezze a padlizsánfeleket bőrös felével lefelé egy akkora tepsibe, hogy szorosan elférjen benne. Kenjük meg a húst 4 evőkanál olívaolajjal, és ízesítsük 1 teáskanál sóval és sok fekete borssal. Körülbelül 20 percig sütjük, amíg aranybarna nem lesz. Vegyük ki a sütőből és hagyjuk kissé kihűlni.
c) Amíg a padlizsán sül, elkezdhetjük a töltelék elkészítését úgy, hogy egy nagy serpenyőben felforrósítjuk a maradék 2 evőkanál olívaolajat. Keverjük össze a köményt, a paprikát és az őrölt fahéjat, és tegyük a fűszerkeverék felét a serpenyőbe a hagymával együtt. Főzzük közepesen magas lángon körülbelül 8 percig, gyakran kevergetve, mielőtt hozzáadjuk a bárányhúst, a fenyőmagot, a petrezselymet, a paradicsompürét, 1 teáskanál cukrot, 1 teáskanál sót és némi fekete borsot. Tovább főzzük, és további 8 percig keverjük, amíg a hús megpuhul.

d) Helyezze a maradék fűszerkeveréket egy tálba, és adjon hozzá vizet, citromlevet, tamarindot, a maradék 2 teáskanál cukrot, a fahéjrudakat és ½ teáskanál sót; jól összekeverni.
e) Csökkentse a sütő hőmérsékletét 375°F / 195°C-ra. Öntse a fűszerkeveréket a padlizsánsütő tepsi aljába. Minden padlizsán tetejére kanalazzuk a báránykeveréket. Fedjük le szorosan a serpenyőt alufóliával, tegyük vissza a sütőbe, és süssük 1½ órán át, mire a padlizsánnak teljesen puhának, a szósznak pedig sűrűnek kell lennie; Főzés közben kétszer vegyük le a fóliát, és kenjük meg a padlizsánt a szósszal, adjunk hozzá egy kevés vizet, ha a szósz kiszáradna. Tálaljuk melegen, nem forrón vagy szobahőmérsékleten.

18. Töltött burgonya

6-HOZ

ÖSSZETEVŐK:
- 1 font / 500 g darált marhahús
- körülbelül 2 csésze / 200 g fehér zsemlemorzsa
- 1 közepes hagyma, apróra vágva (¾ csésze / összesen 120 g)
- 2 gerezd fokhagyma, összetörve
- ⅔ oz / 20 g lapos petrezselyem, finomra vágva
- 2 evőkanál kakukkfű levél, apróra vágva
- 1½ teáskanál őrölt fahéj
- 2 nagy szabadtartású tojás felverve
- 3¼ font / 1,5 kg közepes Yukon Gold burgonya, körülbelül 3¾ x 2¼ hüvelyk / 9 x 6 cm, meghámozva és hosszában félbevágva
- 2 evőkanál apróra vágott koriander
- sót és frissen őrölt fekete borsot

PARADICSOM SZÓSZ
- 2 evőkanál olívaolaj
- 5 gerezd fokhagyma, összetörve
- 1 közepes hagyma, apróra vágva (¾ csésze / összesen 120 g)
- 1½ zellerszár, apróra vágva (⅔ csésze / összesen 80 g)
- 1 kis sárgarépa, meghámozva és apróra vágva (½ csésze / összesen 70 g)
- 1 piros chili apróra vágva
- 1½ teáskanál őrölt kömény
- 1 tk őrölt szegfűbors
- csipetnyi füstölt paprika
- 1½ teáskanál édes paprika
- 1 teáskanál kömény, mozsártörővel vagy fűszerdarálóval összetörve
- egy 28 uncia / 800 g-os doboz apróra vágott paradicsom
- 1 evőkanál tamarind paszta
- 1½ tk szuperfinom cukor

UTASÍTÁS:
a) Kezdje a paradicsomszósszal. Melegítse fel az olívaolajat a legszélesebb serpenyőben; fedő is kell hozzá. Adjuk hozzá a fokhagymát, a hagymát, a zellert, a sárgarépát és a chilit, és lassú tűzön pároljuk 10 percig, amíg a zöldségek megpuhulnak. Adjuk hozzá a fűszereket, jól keverjük össze, és

főzzük 2-3 percig. Öntsük bele az apróra vágott paradicsomot, a tamarindot, a cukrot, ½ teáskanál sót és egy kis fekete borsot, és forraljuk fel. Levesszük a tűzről.

b) A töltött burgonyához a marhahúst, a zsemlemorzsát, a hagymát, a fokhagymát, a petrezselymet, a kakukkfüvet, a fahéjat, 1 teáskanál sót, egy kis fekete borsot és a tojást egy keverőtálba tesszük. Kezével jól keverje össze az összes összetevőt.

c) Vágja ki a burgonya felét egy dinnyegombóccal vagy egy teáskanállal, így 1,5 cm vastag héjat hoz létre. Töltsük a húskeveréket minden üregbe, kézzel nyomjuk le, hogy teljesen kitöltse a burgonyát. Óvatosan nyomjuk le az összes burgonyát a paradicsomszószba úgy, hogy szorosan egymás mellett üljenek, a hústöltelékkel felfelé. Adjunk hozzá körülbelül 1¼ csésze / 300 ml vizet, vagy éppen annyit, hogy a pogácsákat majdnem ellepje a szósszal, forraljuk enyhén lassú tűzön, fedjük le az edényt, és hagyjuk lassan főni legalább 1 órán át, vagy még tovább, amíg a szósz el nem áll. vastag, a burgonya pedig nagyon puha. Ha a szósz nem sűrűsödött be eléggé, vegyük le a fedőt, és 5-10 percig csökkentsük. Forrón vagy melegen, korianderrel díszítve tálaljuk.

19. Baba Ghanoush

ÖSSZETEVŐK:

- 4 nagy olasz padlizsán
- 2 gerezd zúzott fokhagyma
- 2 teáskanál kóser só, vagy ízlés szerint
- 1 citrom levében, vagy több ízlés szerint
- 3 evőkanál tahini, vagy több ízlés szerint
- 3 evőkanál extra szűz olívaolaj
- 2 evőkanál natúr görög joghurt
- 1 csipet cayenne bors, vagy ízlés szerint
- 1 levél friss menta, darált (opcionális)
- 2 evőkanál apróra vágott friss olasz petrezselyem

UTASÍTÁS:

a) Melegítsen elő egy kültéri grillsütőt közepesen magas hőfokra, és enyhén olajozza be a rácsot.
b) Egy kés hegyével többször megszurkáljuk a padlizsán héjának felületét.
c) Helyezze a padlizsánt közvetlenül a grillre. Gyakran forgassa meg fogóval, amíg a bőr elszenesedik.
d) Főzzük, amíg a padlizsán összeesik és nagyon puha lesz, körülbelül 25-30 percig.
e) Tegyük át egy tálba, fedjük le szorosan alufóliával, és hagyjuk hűlni körülbelül 15 percig.
f) Amikor a padlizsán elég kihűlt ahhoz, hogy kezelni tudja, kettévágjuk, és a húsát egy tál fölé helyezett szűrőedénybe kaparjuk.
g) Drain 5 vagy 10 percig.
h) Tegye át a padlizsánt egy keverőtálba, és adjon hozzá zúzott fokhagymát és sót.
i) Körülbelül 5 perc alatt pépesítsd krémesre, de kevés állagú.
j) Keverje hozzá a citromlevet, a tahinit, az olívaolajat és a cayenne borsot.
k) Keverjük hozzá a joghurtot.
l) Fedjük le a tálat műanyag fóliával, és tegyük hűtőszekrénybe, amíg teljesen lehűl, körülbelül 3 vagy 4 órára.
m) Kóstolja meg a fűszerek beállításához.
n) Tálalás előtt keverjük hozzá a darált mentát és az apróra vágott petrezselymet.

20.Labneh (joghurtos sajtkrém)

ÖSSZETEVŐK:

- 2 csésze natúr joghurt
- 1/2 teáskanál só
- Olívaolaj a csepegtetéshez
- Friss fűszernövények (mint például menta vagy kakukkfű), apróra vágva

UTASÍTÁS:

a) Keverjük össze a joghurtot sóval, és tegyük egy tál fölé egy sajtkendővel bélelt szitába.
b) Hagyja a joghurtot legalább 24 órán át a hűtőszekrényben lecsepegni, vagy amíg sűrű, krémsajtszerű állagot nem kap.
c) Tegye a labneh-t egy tálra, csepegtesse meg olívaolajjal, és szórja meg friss fűszernövényekkel.

21. Za'atar és olívaolajos mártogatós

ÖSSZETEVŐK:
- 3 evőkanál za'atar fűszerkeverék
- 1/4 csésze olívaolaj
- Pita kenyér a tálaláshoz

UTASÍTÁS:
a) Egy kis tálban keverje össze a za'atar-t olívaolajjal, hogy sűrű masszát kapjon.
b) Friss vagy pirított pita kenyérrel mártogatósként tálaljuk.

22. Laban Bi Khiar (joghurtos és uborkás mártogatós)

ÖSSZETEVŐK:

- 1 csésze görög joghurt
- 1 uborka, apróra vágva
- 2 gerezd fokhagyma, felaprítva
- 2 evőkanál friss menta, apróra vágva
- Só és bors ízlés szerint
- Olívaolaj a csepegtetéshez

UTASÍTÁS:

a) Egy tálban keverjük össze a görög joghurtot, a kockára vágott uborkát, a darált fokhagymát és az apróra vágott mentát.
b) Sózzuk, borsozzuk.
c) Tálalás előtt meglocsoljuk olívaolajjal.

23.Sambousek (libanoni húsos pite)

ÖSSZETEVŐK:
1 kg darált bárány- vagy marhahús
1 hagyma, finomra vágva
1/4 csésze fenyőmag
2 evőkanál olívaolaj
1 tk őrölt szegfűbors
Só és bors, ízlés szerint
1 csomag filo tészta
Olvadt vaj ecsetelésre

UTASÍTÁS:
Egy serpenyőben a hagymát olívaolajon áttetszővé pároljuk.
Hozzáadjuk a darált húst, és barnára sütjük.
Keverje hozzá a fenyőmagot, szegfűborsot, sót és borsot. Hagyja lehűlni a keveréket.
Melegítsük elő a sütőt 350°F-ra (180°C).
A filo tésztát négyzetekre vágjuk, mindegyikre kanalazzuk a húskeveréket, és háromszög alakúra hajtjuk.
Sütőpapíros tepsire tesszük, megkenjük olvasztott vajjal, és aranybarnára sütjük.

24. Libanoni sajt Fatayer

ÖSSZETEVŐK:

2 csésze feta sajt, morzsolva
1 csésze ricotta sajt
1 tojás
1/4 csésze apróra vágott friss menta
1/4 csésze apróra vágott friss petrezselyem
1 csomag pizzatészta vagy házi tészta

UTASÍTÁS:

Melegítsük elő a sütőt 190 °C-ra (375 °F).
Egy keverőtálban keverjük össze a morzsolt feta sajtot, a ricotta sajtot, a tojást, az apróra vágott mentát és az apróra vágott petrezselymet. Jól keverjük össze, amíg az összes összetevő alaposan össze nem keveredik.
A pizzatésztát enyhén lisztezett felületen kinyújtjuk. Egy kerek vágószerszámmal vagy pohárral vágjunk ki a tésztából körülbelül 10 cm átmérőjű köröket.
Helyezzen egy kanál sajtos keveréket minden tésztakör közepére. A tészta széleit ráhajtjuk a töltelékre, háromszöget vagy csónakot formázva. Csípje össze a széleit, hogy lezárja a tésztát.
A megtöltött tésztát sütőpapírral bélelt tepsire helyezzük.
Ismételje meg a folyamatot, amíg az összes tésztakör meg nem telik.
Előmelegített sütőben 15-20 percig sütjük, vagy amíg a fatayerek aranybarnák nem lesznek.
Tálalás előtt vegyük ki a sütőből és hagyjuk hűlni néhány percig.
Opcionálisan megkenheti a fatayer tetejét egy kevés olívaolajjal a további fény érdekében.

25. Libanoni Sumac Kebab

ÖSSZETEVŐK:

1 font (450 g) sovány darált marha- vagy bárányhús
1 nagy hagyma, finomra reszelve
2 evőkanál olívaolaj
2 evőkanál őrölt szömörce
1 teáskanál őrölt kömény
1 teáskanál őrölt koriander
1 teáskanál őrölt paprika
1 teáskanál só
1/2 teáskanál fekete bors
2 gerezd fokhagyma, felaprítva
1/4 csésze apróra vágott friss petrezselyem
Vízbe áztatott nyárs, ha fából készült

UTASÍTÁS:

Egy nagy keverőtálban keverje össze a darált húst, a reszelt hagymát, az olívaolajat, az őrölt szömörcet, a köményt, a koriandert, a paprikát, a sót, a fekete borsot, a darált fokhagymát és az apróra vágott petrezselymet.

Az összetevőket alaposan keverje össze, amíg jól össze nem áll. Gyakran hasznos, ha ehhez a lépéshez használja a kezét.

Fedjük le a tálat műanyag fóliával, és hagyjuk a keveréket a hűtőszekrényben pácolódni legalább 1 órán keresztül, hogy az ízek összeérjenek.

Melegítse elő a grillt vagy a grillserpenyőt közepesen magas hőfokra.

Vegyünk egy maréknyi húskeveréket, és formázzuk a nyársra, hosszúkás kebabot formázva.

Kb. 10-15 percig grillezzük a kebabot, időnként megforgatva, amíg megpuhulnak, és szép barnulni kezdenek a külsejük.

Tálalja a szumák kebabot kedvenc köreteivel, például pita kenyérrel, hummusszal vagy friss salátával.

Adott esetben tálalás előtt facsarjon egy kevés citromlevet a kebabokra, hogy extra ízt kapjon.

26.Fűszeres bárány és fűszernövény Kofta

ÖSSZETEVŐK:
- 1 font (450 g) darált bárányhús
- 1 kis hagyma, finomra reszelve
- 2 gerezd fokhagyma, felaprítva
- 1/4 csésze friss menta, finomra vágva
- 1/4 csésze friss petrezselyem, finomra vágva
- 1 teáskanál őrölt kömény
- 1 teáskanál őrölt koriander
- 1/2 teáskanál őrölt fahéj
- 1/2 teáskanál őrölt paprika
- Só és fekete bors, ízlés szerint
- olívaolaj (sütéshez)
- Vízbe áztatott nyárs, ha fából készült

UTASÍTÁS:
Egy nagy keverőtálban keverje össze a darált bárányhúst, a reszelt hagymát, a darált fokhagymát, az apróra vágott mentát, az apróra vágott petrezselymet, a köményt, a koriandert, a fahéjat, a paprikát, a sót és a fekete borsot.

Az összetevőket alaposan keverje össze, amíg jól össze nem áll.

Fedjük le a tálat műanyag fóliával, és hagyjuk a keveréket legalább 30 percig a hűtőszekrényben hűlni, hogy az ízek összeérjenek.

Melegítse elő a grillt vagy a grillserpenyőt közepesen magas hőfokra.

Vegyünk egy adag báránykeveréket, és formázzuk a nyársra, hosszúkás kofta formákat formázva.

Kenjük meg a koftát kevés olívaolajjal, hogy ne ragadjon rá a grillre.

Körülbelül 10-15 percig grillezzük a koftát, időnként megforgatva, amíg megpuhul, és szép barnul a külseje.

Tálaljuk a fűszerezett bárányhús- és fűszernövényes koftát kedvenc kísérőivel, például rizzsel, laposkenyérrel vagy joghurt alapú szósszal.

Tálalás előtt a frissesség érdekében további apróra vágott mentával és petrezselyemmel díszítjük.

Élvezze ezt az ízletes, fűszeres bárányhúsos és fűszernövényes koftát finom főételként vagy előételként!

27.Libanoni pita chips

ÖSSZETEVŐK:

4-6 teljes kiőrlésű vagy fehér pita kenyér
Olivaolaj
Só ízlés szerint
Választható: fokhagymapor, paprika, kömény vagy kedvenc fűszerkeverék

UTASÍTÁS:

Melegítsd elő a sütőt 190°C-ra (375°F).
Vágjon minden pita kenyeret szeletekre vagy háromszögekre.
Mindegyik pita két rétegét szétválaszthatja, hogy vékonyabb forgácsot kapjon.
Helyezze a pita szeleteket egy tepsire egy rétegben.
Minden szeletet finoman megkenünk olívaolajjal. Használhat péksüteményes ecsetet, vagy csepegtetheti rá az olajat, és a kezével egyenletesen eloszlathatja.
A pitaszeleteket megszórjuk sóval. Ha szükséges, adjon hozzá opcionális fűszereket, például fokhagymaport, paprikát, köményt vagy kedvenc fűszerkeverékét.
Helyezze a tepsit az előmelegített sütőbe, és süsse körülbelül 10-12 percig, vagy amíg a pita chips aranybarna és ropogós nem lesz. Tartsa szemmel őket, hogy elkerülje az égést.
Hagyja a pita chipseket néhány percig hűlni a tepsiben. Továbbra is ropogósak lesznek, ahogy lehűlnek.
Ha teljesen kihűlt, tegyük át a pita chipseket egy tálba vagy tányérba.
Tálald kedvenc mártogatóiddal, például hummusszal, tzatzikivel vagy salsával.

28.Ghraybeh (libanoni omlós sütemény)

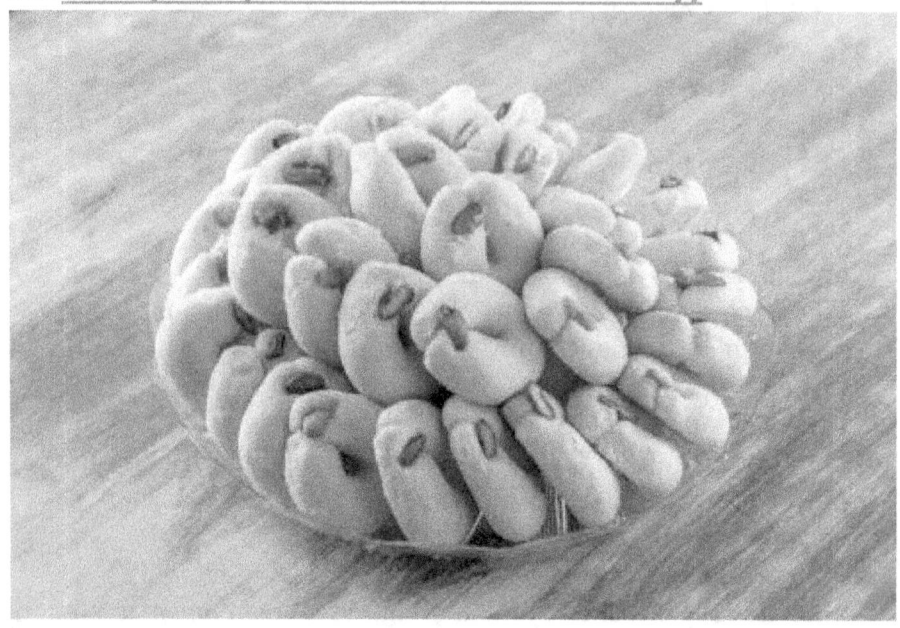

ÖSSZETEVŐK:

1 csésze sózatlan vaj, lágyított
1 csésze porcukor
2 csésze univerzális liszt
1 csésze kukoricakeményítő
1/2 teáskanál rózsavíz vagy narancsvirágvíz (elhagyható)
Egész blansírozott mandula vagy pisztácia (díszítéshez)

UTASÍTÁS:

Melegítsd elő a sütőt 150°C-ra (300°F).
Egy nagy keverőtálban keverjük össze a puha vajat és a porcukrot, amíg világos és habos nem lesz.
Ha használ, adjunk hozzá rózsavizet vagy narancsvirágvizet a vaj-cukor keverékhez, és jól keverjük össze.
Egy külön tálban szitáljuk össze az univerzális lisztet és a kukoricakeményítőt.
Fokozatosan adjuk hozzá a szitált száraz hozzávalókat a vaj-cukros keverékhez, folyamatosan keverjük, amíg jól össze nem áll. A tésztának lágynak és könnyen kezelhetőnek kell lennie.
Vegyünk kis adagokat a tésztából, és formázzunk belőle kis kerekeket vagy félholdakat. Használhat süteményprést, vagy egyszerűen forgathatja a kezében.
Minden sütemény tetejére tegyünk egy egész blansírozott mandulát vagy pisztáciát, és enyhén nyomkodjuk a tésztába.
A megformázott sütiket sütőpapírral bélelt tepsire helyezzük.
Előmelegített sütőben kb 20-25 percig sütjük, vagy amíg a szélei enyhén aranybarnák nem lesznek. A sütinek halványnak kell maradnia a tetején.
Hagyja néhány percig hűlni a Ghraybeh-t a sütőlapon, mielőtt rácsra helyezi, hogy teljesen kihűljön.
A Ghraybeh-t hagyományosan arab kávéval vagy teával tálalják. Finom, vajas, omlós állagúak.

FŐÉTEL

29. Libanoni Bamia (Okra Stew)

ÖSSZETEVŐK:

1 font (450 g) friss okra, megmosva és vágva
1 font (450 g) marhapörkölt hús, kockára vágva
1 nagy hagyma, apróra vágva
3 gerezd fokhagyma, felaprítva
2 csésze paradicsom kockára vágva (friss vagy konzerv)
1/4 csésze paradicsompüré
1/4 csésze olívaolaj
2 evőkanál citromlé
1 teáskanál őrölt koriander
1 teáskanál őrölt kömény
1 teáskanál paprika
Só és fekete bors, ízlés szerint
4 csésze marha- vagy zöldségleves
Főtt rizs vagy lapos kenyér a tálaláshoz

UTASÍTÁS:

Egy nagy fazékban közepes lángon hevítsünk olívaolajat. Adjuk hozzá az apróra vágott hagymát és pároljuk, amíg áttetszővé nem válik.

Adjuk hozzá a darált fokhagymát az edényhez, és pároljuk további percig, amíg illatos lesz.

A kockára vágott marhapörkölt húst beletesszük az edénybe, és minden oldalát megpirítjuk.

Keverje hozzá a felkockázott paradicsomot, a paradicsompürét, az őrölt koriandert, az őrölt köményt, a paprikát, a sót és a fekete borsot. Főzzük néhány percig, amíg a paradicsom elkezd letörni.

Öntsük hozzá a marha- vagy zöldséglevest, és forraljuk fel a keveréket.

Csökkentse a hőt alacsonyra, fedje le az edényt, és hagyja főni körülbelül 30 percig, hogy az ízek összeérjenek, és a hús megpuhuljon.

Adjuk hozzá a megmosott és vágott okrát az edénybe. Pároljuk további 15-20 percig, amíg az okra megpuhul.

Hozzákeverjük a citromlevet, ízlés szerint fűszerezve.

Tálaljuk a Bamia-t forrón főtt rizs fölött vagy laposkenyérrel.

30. Libanoni rizs cérnametélttel (Roz bel Shaghriyeh)

ÖSSZETEVŐK:
1 csésze hosszú szemű fehér rizs
1/2 csésze cérnametélt kis darabokra törve
2 evőkanál sótlan vaj vagy olívaolaj
2 csésze csirke- vagy zöldségleves
Só ízlés szerint

UTASÍTÁS:
Öblítse le a rizst hideg víz alatt, amíg a víz tiszta nem lesz. Ez segít eltávolítani a felesleges keményítőt, és megakadályozza, hogy a rizs túl ragadós legyen.
Egy nagy serpenyőben vagy edényben olvasszuk fel a vajat (vagy melegítsük fel az olívaolajat) közepes lángon.
Hozzáadjuk a törött cérnametélt darabokat, és aranybarnára pirítjuk. Az egyenletes pirítás érdekében gyakran keverjük meg.
Ha a cérnametélt aranybarna, adjuk hozzá a leöblített rizst az edénybe. Jól keverjük össze, hogy a rizst és a cérnametéltet bevonja a vajjal.
Felöntjük a csirke- vagy zöldséglevessel. Sózzuk ízlés szerint.
Forraljuk fel a keveréket.
Csökkentse a hőt alacsonyra, fedje le az edényt szorosan záródó fedéllel, és párolja 15-20 percig, vagy amíg a rizs megpuhul és magába szívja a folyadékot.
Ha megsült, vegyük le az edényt a tűzről, de tartsuk rajta a fedőt.
Hagyja a rizst további 10 percig gőzölni. Ez elősegíti, hogy a rizs könnyűvé és bolyhossá váljon.
A rizst és a cérnametélt villával finoman felpörgetjük.
Tegye át a libanoni rizst cérnametélttel egy tálra, és tálalja finom köretként.

31. Libanoni csirke Shawarma

ÖSSZETEVŐK:
A páchoz:

1,5 font (700 g) csont nélküli, bőr nélküli csirkecomb
1 nagy hagyma, finomra reszelve
4 gerezd fokhagyma, felaprítva
1/4 csésze natúr joghurt
3 evőkanál olívaolaj
1 evőkanál őrölt kömény
1 evőkanál őrölt koriander
1 teáskanál őrölt paprika
1 teáskanál őrölt kurkuma
1 teáskanál őrölt fahéj
1 teáskanál őrölt szegfűbors
Só és fekete bors, ízlés szerint
1 citrom leve
Felszolgáláshoz:

Pita kenyér vagy lapos kenyér
Tzatziki szósz vagy fokhagymás szósz
Szeletelt paradicsom
Szeletelt uborka
Apróra vágott saláta
Savanyúság

UTASÍTÁS:
Egy tálban keverjük össze a reszelt hagymát, a darált fokhagymát, a joghurtot, az olívaolajat, az őrölt köményt, az őrölt koriandert, a paprikát, a kurkumát, a fahéjat, a szegfűborsot, a sót, a fekete borsot és a citromlevet. Jól keverjük össze, hogy sima pácot kapjunk.
A csirkecombokat vékony csíkokra vágjuk.
Adja hozzá a csirkecsíkokat a páchoz, ügyelve arra, hogy minden darab jól be legyen vonva.
Fedjük le a tálat, és tegyük a csirkét a hűtőszekrénybe legalább 2 órára, vagy egy éjszakára a maximális íz érdekében.
Melegítsd elő a sütőt 220°C-ra (425°F).

A pácolt csirkecsíkokat nyársra fűzzük, vagy sütőpapírral bélelt tepsire helyezzük.
Előmelegített sütőben körülbelül 20-25 percig sütjük, vagy amíg a csirke megpuhul, és a széle szép megpirul.
Melegítse fel a pita kenyeret vagy a lapos kenyereket.
Kenjen meg minden kenyérre bőséges mennyiségű tzatziki szószt vagy fokhagymás szószt.
A főtt csirke egy részét a szósz tetejére helyezzük.
Hozzáadjuk a szeletelt paradicsomot, uborkát, salátát és savanyúságot.
Tekerje körbe a kenyeret a töltelékek köré, készítsen pakolást vagy szendvicset.
Azonnal tálaljuk a libanoni Chicken Shawarmát.

32.Falafel Pita szendvics Tahini szósszal

ÖSSZETEVŐK:

- 12 fagyasztott falafel
- ¼ csésze tahini
- ¼ csésze víz
- 2 evőkanál citromlé
- 2 gerezd fokhagyma, felaprítva
- ¼ teáskanál őrölt paprika
- 6 teljes kiőrlésű pita
- 1 fej saláta, felaprítva
- 1 paradicsom vékony szeletekre vágva
- ½ uborka, meghámozva és felszeletelve
- 1 alacsony nátriumtartalmú kapros savanyúság, szeletelve
- ¼ kis vöröshagyma, vékonyra szeletelve
- 3 teáskanál harissa, vagy ízlés szerint (opcionális)

UTASÍTÁS:

a) Melegítsük elő a sütőt 230 C-ra (450 F fokra). Helyezze a falafelt egy sütőlapra.
b) Süssük a falafelt az előmelegített sütőben, amíg át nem melegszik, 8-10 perc alatt.
c) Amíg a falafel sül, keverjük össze egy tálban a tahinit, a vizet, a citromlevet, a darált fokhagymát és a paprikát.
d) Vágjon le körülbelül 1 hüvelyknyit minden pita tetejéről, hogy zsebet képezzen.
e) Adjon hozzá 2 falafelt minden pitához, valamint egyenlő mennyiségű salátát, paradicsomot, uborkát, savanyúságot és lilahagymát.
f) Minden pita szendvicset meglocsolunk körülbelül 1 evőkanál tahini szósszal.
g) Opcionálisan adjon hozzá harissát az extra lökéshez, és állítsa be a mennyiséget ízlés szerint.
h) Azonnal tálalja a Falafel Pita szendvicseket, amíg melegek, és élvezze az ízek keverékét.

33.Báránytöltött birsalma gránátalmával és korianderrel

ÖSSZETEVŐK:

- 14 uncia / 400 g darált bárányhús
- 1 gerezd fokhagyma, összetörve
- 1 piros chili, apróra vágva
- ⅔ oz / 20 g koriander apróra vágva, plusz 2 evőkanál, díszítéshez
- ½ csésze / 50 g zsemlemorzsa
- 1 tk őrölt szegfűbors
- 2 evőkanál finomra reszelt friss gyömbér
- 2 közepes hagyma, apróra vágva (1⅓ csésze / összesen 220 g)
- 1 nagy szabadtartású tojás
- 4 birs (összesen 2¾ font / 1,3 kg)
- ½ citrom leve, plusz 1 evőkanál frissen facsart citromlé
- 3 evőkanál olívaolaj
- 8 kardamom hüvely
- 2 tk gránátalma melasz
- 2 tk cukor
- 2 csésze / 500 ml csirke alaplé
- ½ gránátalma magjai
- sót és frissen őrölt fekete borsot

UTASÍTÁS:

a) Tegye a bárányt egy keverőtálba a fokhagymával, chilivel, korianderrel, zsemlemorzsával, szegfűborssal, a gyömbér felével, a hagyma felével, tojással, ¾ teáskanál sóval és némi borssal együtt. Keverjük jól össze a kezünkkel, és tegyük félre.

b) A birsalmát meghámozzuk és hosszában félbevágjuk. Tedd őket egy tál hideg vízbe a ½ citrom levével, hogy ne barnuljanak meg. Dinnyegombóccal vagy kiskanállal távolítsa el a magokat, majd vájja ki a birsalma felét úgy, hogy 1,5 cm-es héj maradjon. Tartsa meg a kikanalazott húst. Töltsük meg az üregeket a bárány keverékkel, kézzel nyomjuk le.

c) Egy nagy serpenyőben hevítsük fel az olívaolajat, amelyhez fedő van. Tegye a fenntartott birsalmahúst egy robotgépbe, gyorsan aprítsa fel, majd tegye át a keveréket a serpenyőbe a maradék hagymával, gyömbérrel és a kardamom hüvelyekkel együtt. 10-12 percig pirítjuk, amíg a hagyma megpuhul. Adjuk hozzá a melaszt, az 1 evőkanál citromlevet, a cukrot, az alaplevet, a ½ teáskanál sót és egy kis fekete borsot, és jól keverjük össze. Adjuk hozzá a birsalma felét a mártáshoz úgy, hogy a hústöltelék felfelé nézzen, enyhén pároljuk le a lángot, fedjük le a serpenyőt, és főzzük körülbelül 30 percig. A végén a birsalma teljesen puha legyen, a hús jól megfőtt, a szósz pedig sűrű legyen. Emelje fel a fedőt, és párolja egy-két percig, hogy csökkentse a szószt, ha szükséges.

d) Melegen vagy szobahőmérsékleten, korianderrel és gránátalma magokkal megszórva tálaljuk.

34.Fejjel lefelé (Maqluba)

ÖSSZETEVŐK:

- 7 csésze víz
- 2 hagyma, apróra vágva
- 1 evőkanál apróra vágott fokhagyma
- 1 teáskanál őrölt fahéj
- 1 teáskanál őrölt kurkuma
- 2 teáskanál garam masala
- Só és őrölt fekete bors, ízlés szerint
- 2 csésze étolaj
- 2 csésze bárányhús apróra vágva
- 1 nagy padlizsán, 3/4 hüvelykes szeletekre vágva
- 2 cukkini, 1/4 hüvelykes szeletekre vágva
- 1 csésze brokkoli
- 1 csésze karfiol
- 1 ½ csésze jázmin rizs
- 1 (16 uncia) tartály sima joghurt

UTASÍTÁS:

a) Egy nagy fazékban felforraljuk a vizet, az apróra vágott hagymát, az apróra vágott fokhagymát, az őrölt fahéjat, az őrölt kurkumát, a garam masala-t, a sót és a borsot.
b) Adjunk hozzá bárányhúst a forrásban lévő keverékhez, csökkentsük a hőt alacsonyra, és főzzük 15-20 percig.
c) Válaszd el a bárányt a folyadéktól, és tedd félre. Öntse a folyadékot egy tálba.
d) Melegítsük fel az étolajat egy nagy, mély serpenyőben közepes lángon.
e) A padlizsánszeleteket mindkét oldalukon barnára sütjük, majd papírtörlőn lecsepegtetjük.
f) Ismételje meg a sütési folyamatot a cukkini és a karfiol esetében. A brokkolit az olajon forróra főzzük, majd papírtörlőn leszűrjük.
g) A bárányhúst rétegezzük a nagy edény aljára.
h) A sült padlizsánt, a cukkinit, a brokkolit és a karfiolt rétegesen elhelyezzük a bárányhús tetején.
i) Öntsük a jázmin rizst a húsra és a zöldségekre, óvatosan rázza meg az edényt, hogy a rizs ülepedjen.

j) Öntse a bárányból fenntartott főzőfolyadékot a keverékre, amíg teljesen el nem fedi. Adjunk hozzá vizet, ha szükséges.
k) Fedjük le az edényt, és lassú tűzön pároljuk, amíg a rizs megpuhul és a folyadék felszívódik, körülbelül 30-45 percig.
l) Távolítsa el a fedőt az edényről.
m) Helyezzen egy nagy tálat az edényre, és fordítsa meg az edényt úgy, hogy az edény "fejjel lefelé" kerüljön a tálra.
n) Az oldalára joghurttal tálaljuk.

35.Marha és birsalma

ÖSSZETEVŐK:

- 1 kg hús
- 2 tk fokhagyma paszta
- 2 kg birsalma
- 1 tk cukor
- 1 l savanyú gránátalmalé
- 2 tk menta (finomra vágva)
- 5 tk paradicsompüré
- 1 tk Só

UTASÍTÁS:

a) A húst közepes darabokra vágjuk, és egy serpenyőbe tesszük. Adjunk hozzá vizet, és közepes lángon főzzük jól.
b) A birsalma kivételével az összes hozzávalót beletesszük a serpenyőbe, és hagyjuk jól megfőni.
c) Vágjuk a birsalmát közepes darabokra, és tegyük a serpenyőbe.
d) Ha megsült, tányéron tálaljuk, köretként lehetőleg fehér rizzsel.

36.Baharat csirke és rizs

ÖSSZETEVŐK:
BAHARAT FŰSZERKEVERÉK:
- 1 ½ evőkanál erős paprika
- 1 evőkanál őrölt fekete bors
- 1 evőkanál kömény
- ¾ evőkanál őrölt koriander
- ¾ evőkanál őrölt szövőszék (szárított lime)
- ½ evőkanál sumac por
- ¼ evőkanál őrölt fahéj
- ¼ evőkanál őrölt szegfűszeg
- ¼ evőkanál őrölt szerecsendió
- 5 zöld kardamom hüvely összetörve
- 2 db fekete kardamom hüvely összetörve

CSIRKE ÉS RIZS:
- ½ csokor friss koriander
- 2 evőkanál olívaolaj
- ½ friss citrom levében
- 2 csirkecomb
- 2 csirkecomb
- 1 csirkemell
- 1 ½ csésze barna basmati rizs
- ¼ csésze nyers kesudió
- ¼ csésze héjas nyers mandula
- ¼ csésze arany mazsola
- ⅛ csésze héjas nyers pisztácia
- 2 teáskanál olívaolaj
- 1 medvehagyma felkockázva
- 1 csésze csirkehúsleves

UTASÍTÁS:
FŰSZERKEVERÉK ELKÉSZÍTÉSE:
a) Keverje össze a paprikát, a fekete borsot, a köményt, a koriandert, a szömörcet, a fahéjat, a szegfűszeget, a szerecsendiót, a zöld kardamomot és a fekete kardamomot egy közepes tálban. Félretesz, mellőz.

Pácolt csirke:
b) Egy visszazárható műanyag zacskóban keverjen össze koriandert, 2 evőkanál olívaolajat, citromlevet és 1 evőkanál fűszerkeveréket.
c) Adja hozzá a csirkecombokat, -combokat és -melleket a zacskóba. Zárjuk le és rázzuk a bevonathoz. Hűtőben pácoljuk legalább 4 órát.

RIZSKEVERÉK ELKÉSZÍTÉSE:
d) Tedd a rizst egy nagy tálba, öntsd fel vízzel, és áztasd legalább 1 órán keresztül.
e) A rizst lecsepegtetjük és átöblítjük, majd visszatesszük a tálba. Adjunk hozzá kesudiót, mandulát, mazsolát és pisztáciát a rizshez. Keverjünk hozzá 1 evőkanál fűszerkeveréket, és jól keverjük össze. Félretesz, mellőz.
f) Melegítsük elő a sütőt 375 F (190 C) fokra.
g) Melegíts fel 2 teáskanál olívaolajat holland sütőben vagy tagine-ben közepes lángon. Főzzük és keverjük át a medvehagymát, amíg áttetsző nem lesz, 1-3 percig. Kapcsolja le a hőt.
h) Keverje hozzá a rizs keveréket, amíg jól össze nem áll.

ÖSSZESZERELÉS ÉS SÜTÉS:
i) Vegye ki és dobja ki a koriandert a csirkehús zacskóból.
j) Öntse a pácolt csirkét a rizskeverék tetejére a holland sütőben.
k) Öntsön csirkelevest a fenntartott zacskóba, finoman rázza fel, majd öntse rá a csirkét és a rizst.
l) Fedjük le a holland sütőt, és addig sütjük az előmelegített sütőben, amíg a rizs megpuhul, és a csirke teljesen meg nem fő (kb. 75 perc).
m) A csirke közepébe helyezett azonnali leolvasású hőmérőnek legalább 74 fokos hőmérsékletet kell mutatnia.

37. Sült édesburgonya és friss füge

ÖSSZETEVŐK:

- 4 kis édesburgonya (összesen 2¼ font / 1 kg)
- 5 evőkanál olívaolaj
- 3 evőkanál / 40 ml balzsamecet (nem prémium érleltet használhatsz kereskedelmi forgalomban is)
- 1½ evőkanál / 20 g szuperfinom cukor
- 12 zöldhagyma, hosszában félbevágva, és 4 cm-es szeletekre vágva
- 1 piros chili, vékonyra szeletelve
- 6 érett füge (összesen 240 g), negyedelve
- 5 oz / 150 g puha kecsketej sajt (opcionális)
- Maldon tengeri só és frissen őrölt fekete bors

UTASÍTÁS:

a) Melegítsük elő a sütőt 475°F / 240°C-ra.
b) Az édesburgonyát megmossuk, hosszában félbevágjuk, majd mindegyik felét ismét hasonlóan 3 hosszú szeletre vágjuk. Keverjük össze 3 evőkanál olívaolajjal, 2 teáskanál sóval és némi fekete borssal. A szeleteket bőrös felével lefelé terítsd ki egy tepsire, és süsd körülbelül 25 percig, amíg puha, de nem pépes lesz. A sütőből kivéve hagyjuk kihűlni.
c) A balzsamecetes redukcióhoz tegyük egy kis serpenyőbe a balzsamecetet és a cukrot. Forraljuk fel, majd csökkentsük a hőt, és főzzük 2-4 percig, amíg besűrűsödik. Ügyeljen arra, hogy vegye le a serpenyőt a tűzről, amikor az ecet még folyósabb, mint a méz; hűlés közben tovább fog sűrűsödni. Tálalás előtt keverjünk hozzá egy csepp vizet, ha túl sűrű lenne ahhoz, hogy csöpögjön.
d) Az édesburgonyát tálalótálra helyezzük. Melegítsük fel a maradék olajat egy közepes serpenyőben közepes lángon, és adjuk hozzá a zöldhagymát és a chilit. 4-5 percig sütjük, gyakran kevergetve, nehogy megégjen a chili. Az édesburgonyára kanalazzuk az olajat, a hagymát és a chilit. A fügét a szeletek közé pöttyentessük, majd a balzsamos redukcióra csepegtessük. Szobahőmérsékleten tálaljuk. A tetejére morzsoljuk a sajtot, ha használjuk.

38.Na'ama kövér

ÖSSZETEVŐK:

- 1 csésze / 200 g görög joghurt és ¾ csésze plusz 2 evőkanál / 200 ml teljes tej, vagy 1⅔ csésze / 400 ml író (a joghurtot és a tejet is helyettesíti)
- 2 nagy, állott török lapos kenyér vagy naan (összesen 250 g)
- 3 nagy paradicsom (összesen 380 g), 1,5 cm-es kockákra vágva
- 3½ oz / 100 g retek, vékonyra szeletelve
- 3 libanoni vagy mini uborka (összesen 9 uncia / 250 g), meghámozva és 1,5 cm-es kockákra vágva
- 2 zöldhagyma, vékonyra szeletelve
- ½ oz / 15 g friss menta
- 1 uncia / 25 g lapos petrezselyem, durvára vágva
- 1 evőkanál szárított menta
- 2 gerezd fokhagyma, összetörve
- 3 evőkanál frissen facsart citromlé
- ¼ csésze / 60 ml olívaolaj, plusz plusz csepegtető
- 2 evőkanál almabor vagy fehérborecet
- ¾ teáskanál frissen őrölt fekete bors
- 1½ teáskanál só
- 1 evőkanál szömörce vagy több ízlés szerint, díszítéshez

UTASÍTÁS:

a) Ha joghurtot és tejet használ, legalább 3 órával, de legfeljebb egy nappal korábban kezdje el úgy, hogy mindkettőt egy tálba helyezze. Jól kikeverjük, és hűvös helyen vagy hűtőben tesszük, amíg buborékok nem keletkeznek a felületén. Amit kapsz, az egyfajta házi író, de kevésbé savanyú.

b) A kenyeret falatnyi darabokra tépjük, és egy nagy keverőtálba tesszük. Adja hozzá a fermentált joghurtkeveréket vagy a kereskedelmi forgalomban kapható írót, majd a többi hozzávalót, jól keverje össze, és hagyja állni 10 percig, hogy az összes íz összeérjen.

c) A fatoush-ot tálalótálakba kanalazzuk, meglocsoljuk egy kis olívaolajjal, és szömörcével díszítjük.

39.Sült padlizsán sült hagymával

ÖSSZETEVŐK:

- 2 nagy padlizsán, hosszában felezve, a szárral együtt (összesen kb. 1⅔ font / 750 g)
- ⅔ csésze / 150 ml olívaolaj
- 4 hagyma (összesen kb. 1¼ lb / 550 g), vékonyra szeletelve
- 1 ½ zöld chili
- 1½ teáskanál őrölt kömény
- 1 tk szömörce
- 1¾ oz / 50 g feta sajt, nagy darabokra törve
- 1 közepes citrom
- 1 gerezd fokhagyma, összetörve
- sót és frissen őrölt fekete borsot

UTASÍTÁS:

a) Melegítsük elő a sütőt 425°F / 220°C-ra.
b) Minden padlizsán vágott oldalát keresztbe vágjuk. Kenje meg a vágott oldalát 6½ evőkanál / 100 ml olajjal, és szórja meg bőven sóval és borssal. Sütőpapíros tepsire tesszük, vágott oldalával felfelé, és körülbelül 45 percig sütjük a sütőben, amíg a hús aranybarna és teljesen meg nem sül.
c) Amíg a padlizsán sül, a maradék olajat egy nagy serpenyőbe öntjük, és magas lángon tesszük. Adjuk hozzá a hagymát és ½ teáskanál sót, és főzzük 8 percig, gyakran kevergetve, hogy a hagyma egyes részei igazán sötétek és ropogósak legyenek. Kimagozzuk és felaprítjuk a chilit úgy, hogy az egészet elkülönítsük a felétől. Adjuk hozzá az őrölt köményt, szömörcet és az egész apróra vágott chilit, és főzzük további 2 percig, mielőtt hozzáadnánk a fetát. Egy utolsó percig főzzük, nem sokat keverve, majd levesszük a tűzről.
d) Egy kis fogazott késsel távolítsa el a citrom héját és magját. Vágja durvára a húst, dobja ki a magokat, és tegye a húst és a levet egy tálba a maradék ½ chilivel és a fokhagymával.
e) Állítsa össze az edényt, amint a padlizsán készen áll. A megsült feleket tegyük egy tálba, és kanalazzuk a húsra citromszószt. A hagymát kissé felmelegítjük, és kanalazzuk. Tálaljuk melegen, vagy tegyük félre, hogy szobahőmérsékletű legyen.

40.Sült vaj tök za'atarral

ÖSSZETEVŐK:

- 1 nagy vajtök (összesen 2½ font / 1,1 kg), ¾ x 2½ hüvelykes / 2 x 6 cm-es szeletekre vágva
- 2 vöröshagyma, 1¼ hüvelykes / 3 cm-es szeletekre vágva
- 3½ evőkanál / 50 ml olívaolaj
- 3½ evőkanál világos tahini paszta
- 1½ evőkanál citromlé
- 2 evőkanál víz
- 1 kis gerezd fokhagyma, összetörve
- 3½ evőkanál / 30 g fenyőmag
- 1 evőkanál za'atar
- 1 evőkanál durvára vágott lapos petrezselyem
- Maldon tengeri só és frissen őrölt fekete bors

UTASÍTÁS:

a) Melegítsük elő a sütőt 475°F / 240°C-ra.
b) Tegye a tököt és a hagymát egy nagy keverőtálba, adjon hozzá 3 evőkanál olajat, 1 teáskanál sót és némi fekete borsot, és jól keverje össze. Sütőpapíros tepsire terítjük bőrrel lefelé, és a sütőben 30-40 percig sütjük, amíg a zöldségek színt kapnak, és átsülnek. Tartsa szemmel a hagymát, mert gyorsabban megsülhet, mint a tök, és korábban kell eltávolítani. Kivesszük a sütőből és hagyjuk kihűlni.
c) A szósz elkészítéséhez tegyük a tahinit egy kis tálba a citromlével, vízzel, fokhagymával és ¼ teáskanál sóval együtt. Addig keverjük, amíg a szósz méz állagú lesz, ha szükséges, adjunk hozzá még vizet vagy tahinit.
d) Öntse a maradék 1½ teáskanál olajat egy kis serpenyőbe, és tegye közepes-alacsony lángra. Adjuk hozzá a fenyőmagot ½ teáskanál sóval és főzzük 2 percig, gyakran kevergetve, amíg a dió aranybarna nem lesz. Vegyük le a tűzről, és tegyük át a diót és az olajat egy kis tálba, hogy leállítsuk a főzést.
e) Tálaláskor terítsük ki a zöldségeket egy nagy tálra, és csorgassuk rá a tahinit. A tetejére szórjuk a fenyőmagot és annak olaját, majd a za'atar-t és a petrezselymet.

41. Fava Bean Kuku

ÖSSZETEVŐK:

- 1 font / 500 g fava bab, frissen vagy fagyasztva
- 5 evőkanál / 75 ml forrásban lévő víz
- 2 evőkanál szuperfinom cukor
- 5 evőkanál / 45 g szárított borbolya
- 3 evőkanál nehéz tejszín
- ¼ teáskanál sáfrányszál
- 2 evőkanál hideg víz
- 5 evőkanál olívaolaj
- 2 közepes hagyma, apróra vágva
- 4 gerezd fokhagyma, zúzott
- 7 nagy szabadtartású tojás
- 1 evőkanál univerzális liszt
- ½ teáskanál sütőpor
- 1 csésze / 30 g kapor, apróra vágva
- ½ csésze / 15 g menta, apróra vágva
- sót és frissen őrölt fekete borsot

UTASÍTÁS:

a) Melegítsük elő a sütőt 350°F / 180°C-ra. Tegye a fava babot egy serpenyőbe bő forrásban lévő vízzel. Pároljuk 1 percig, leszűrjük, hideg víz alatt felfrissítjük, majd félretesszük.

b) Öntsön 5 evőkanál / 75 ml forrásban lévő vizet egy közepes tálba, adja hozzá a cukrot, és keverje fel, hogy feloldódjon. Amikor ez a szirup langyos, adjuk hozzá a borbolát, és hagyjuk állni körülbelül 10 percig, majd csepegtessük le.

c) A tejszínt, a sáfrányt és a hideg vizet egy kis lábasban felforraljuk. Azonnal vegyük le a tűzről, és tegyük félre 30 percre, hogy megérjen.

d) Melegíts fel 3 evőkanál olívaolajat közepes lángon egy 10 hüvelykes / 25 cm-es tapadásmentes, sütőálló serpenyőben, amelyhez fedő van. Adjuk hozzá a hagymát, és főzzük körülbelül 4 percig, időnként megkeverve, majd adjuk hozzá a fokhagymát, és főzzük és keverjük további 2 percig. Keverjük hozzá a fava babot és tegyük félre.

e) A tojásokat egy nagy keverőtálban jól habosra verjük. Hozzáadjuk a lisztet, a sütőport, a sáfrányos tejszínt, a fűszernövényeket, a 1½ teáskanál sót és a ½ teáskanál borsot, és jól habverjük el. Végül keverjük hozzá a borbolya és a fava bab és a hagyma keverékét.

f) A serpenyőt töröljük tisztára, adjuk hozzá a maradék olívaolajat, és tegyük a sütőbe 10 percre, hogy jól átforrósodjon. Öntsük a tojásos keveréket a forró serpenyőbe, fedjük le, és süssük 15 percig. Vegyük le a fedőt, és süssük további 20-25 percig, amíg a tojások megpuhulnak. Vegyük ki a sütőből, és hagyjuk 5 percig pihenni, mielőtt egy tálra fordítjuk. Melegen vagy szobahőmérsékleten tálaljuk.

Nyers articsóka és gyógynövény saláta

42.Citromos póréhagymás fasírt

ÖSSZETEVŐK:
- 6 nagy vágott póréhagyma (összesen kb. 1¾ font / 800 g)
- 9 uncia / 250 g darált marhahús
- 1 csésze / 90 g zsemlemorzsa
- 2 nagy szabadtartású tojás
- 2 evőkanál napraforgóolaj
- ¾–1¼ csésze / 200–300 ml csirkealaplé
- ⅓ csésze / 80 ml frissen facsart citromlé (kb. 2 citrom)
- ⅓ csésze / 80 g görög joghurt
- 1 evőkanál finomra vágott lapos petrezselyem
- sót és frissen őrölt fekete borsot

UTASÍTÁS:
a) Vágja a póréhagymát 2 cm-es szeletekre, és párolja körülbelül 20 percig, amíg teljesen megpuhul. Lecsepegtetjük és hagyjuk kihűlni, majd konyharuhával kinyomkodjuk a maradék vizet. A póréhagymát aprítógépben néhányszor pörgetve dolgozd fel, amíg jól fel nem vágod, de nem pépes lesz. Helyezze a póréhagymát egy nagy keverőtálba a hússal, zsemlemorzsával, tojással, 1¼ teáskanál sóval és 1 teáskanál fekete borssal együtt. A keverékből lapos pogácsákat formázunk, nagyjából 2¾ x ¾ hüvelyk / 7 x 2 cm méretű – ebből 8-nak kell lennie. Hűtőbe tesszük 30 percre.
b) Melegítsük fel az olajat közepes lángon egy nagy, vastag aljú serpenyőben, amelyhez fedő van. Süssük a pogácsákat mindkét oldalukon aranybarnára; ezt szükség esetén tételesen is megtehetjük.
c) Törölje ki a serpenyőt egy papírtörlővel, majd tegye a húsgombócokat az aljára, ha szükséges, kissé átfedje. Felöntjük annyi alaplével, hogy majdnem, de ne teljesen ellepje a pogácsákat. Adjuk hozzá a citromlevet és ½ teáskanál sót. Forraljuk fel, majd fedjük le, és lassú tűzön pároljuk 30 percig. Vegyük le a fedőt, és szükség esetén főzzük még néhány percig, amíg szinte az összes folyadék elpárolog. A serpenyőt levesszük a tűzről, és félretesszük hűlni.
d) A húsgombócokat melegen vagy szobahőmérsékleten tálaljuk, egy csésze joghurttal és megszórjuk petrezselyemmel.

43.Chermoula padlizsán bulgurral és joghurttal

ÖSSZETEVŐK:

- 2 gerezd fokhagyma, összetörve
- 2 tk őrölt kömény
- 2 tk őrölt koriander
- 1 tk chili pehely
- 1 tk édes paprika
- 2 evőkanál finomra vágott tartósított citromhéj (bolti, vagy lásd a receptet)
- ⅔ csésze / 140 ml olívaolaj, plusz extra a befejezéshez
- 2 közepes padlizsán
- 1 csésze / 150 g finom bulgur
- ⅔ csésze / 140 ml forrásban lévő víz
- ⅓ csésze / 50 g arany mazsola
- 3½ evőkanál / 50 ml meleg víz
- ⅓ oz / 10 g koriander apróra vágva, plusz plusz a befejezéshez
- ⅓ uncia / 10 g menta, apróra vágva
- ⅓ csésze / 50 g kimagozott zöld olajbogyó, félbevágva
- ⅓ csésze / 30 g szeletelt mandula, pirított
- 3 zöldhagyma, apróra vágva
- 1½ evőkanál frissen facsart citromlé
- ½ csésze / 120 g görög joghurt
- só

UTASÍTÁS:

a) Melegítse elő a sütőt 400°F / 200°C-ra.
b) A chermoula elkészítéséhez egy kis tálban keverjük össze a fokhagymát, a köményt, a koriandert, a chilit, a paprikát, a tartósított citromot, az olívaolaj kétharmadát és a ½ teáskanál sót.
c) A padlizsánokat hosszában félbevágjuk. Mindegyik fél húsát mély, átlós keresztmetszetekkel vágja be, ügyelve arra, hogy ne szúrja ki a bőrt. Mindegyik felére kanalazzuk a chermoulát, egyenletesen elosztva, és a vágott oldalukkal felfelé egy tepsire helyezzük. Betesszük a sütőbe, és 40 percig sütjük, vagy amíg a padlizsán teljesen megpuhul.
d) Közben tegyük a bulgurt egy nagy tálba, és öntsük fel forrásban lévő vízzel.

e) Áztassa be a mazsolát a meleg vízbe. 10 perc elteltével csepegtessük le a mazsolát, és a maradék olajjal együtt adjuk hozzá a bulgurhoz. Adjuk hozzá a fűszernövényeket, az olajbogyót, a mandulát, a zöldhagymát, a citromlevet és egy csipet sót, és keverjük össze. Kóstoljuk meg, és ha szükséges még sózzuk.
f) A padlizsánt melegen vagy szobahőmérsékleten tálaljuk. Helyezzen ½ padlizsánt vágott oldalával felfelé minden egyes tányérra. A tetejére kanalazzuk a bulgurt, hagyjuk, hogy mindkét oldaláról leessen. Öntsünk rá egy kevés joghurtot, szórjuk meg korianderrel, és a végén csepegtessük olajjal.

44.Sült karfiol tahinival

ÖSSZETEVŐK:

- 2 csésze / 500 ml napraforgóolaj
- 2 közepes fej karfiol (összesen 2¼ font / 1 kg), kis virágokra osztva
- 8 zöldhagyma, mindegyiket 3 hosszú szeletre osztva
- ¾ csésze / 180 g világos tahini paszta
- 2 gerezd fokhagyma, összetörve
- ¼ csésze / 15 g lapos petrezselyem, apróra vágva
- ¼ csésze / 15 g aprított menta, plusz plusz a befejezéshez
- ⅔ csésze / 150 g görög joghurt
- ¼ csésze / 60 ml frissen facsart citromlé, plusz 1 citrom reszelt héja
- 1 teáskanál gránátalma melasz, plusz plusz a befejezéshez
- körülbelül ¾ csésze / 180 ml víz
- Maldon tengeri só és frissen őrölt fekete bors

UTASÍTÁS:

a) Melegítsük fel a napraforgóolajat egy nagy serpenyőben, amelyet közepesen magas hőre helyezünk. Fém fogóval vagy fémkanállal óvatosan tegyünk egy-egy karfiol rózsát az olajba, és főzzük 2-3 percig, majd fordítsuk meg, hogy egyenletesen színeződjenek. Ha aranybarnák lettek, egy szűrőkanállal emeljük a virágokat egy szűrőedénybe, hogy lecsöpögjön. Megszórjuk egy kis sóval. Folytassa adagonként, amíg el nem készíti az összes karfiolt. Ezután pirítsd meg a zöldhagymát részletekben, de csak körülbelül 1 percig. Hozzáadjuk a karfiolhoz. Hagyja kicsit kihűlni mindkettőt.

b) Öntsük a tahini pasztát egy nagy keverőtálba, és adjuk hozzá a fokhagymát, az apróra vágott fűszernövényeket, a joghurtot, a citromlevet és -héjat, a gránátalma melaszt, valamint egy kis sót és borsot. Fakanállal jól keverjük össze, miközben hozzáadjuk a vizet. A tahini szósz besűrűsödik, majd fellazul, ahogy vizet adunk hozzá. Ne adjunk hozzá túl sokat, csak annyit, hogy sűrű, mégis sima, önthető állagot kapjunk, olyan, mint a méz.

c) Adjuk hozzá a karfiolt és a zöldhagymát a tahinihez, és jól keverjük össze. Kóstoljuk meg és állítsuk be a fűszerezést. Érdemes több citromlevet is hozzáadni.

d) A tálaláshoz kanalazd egy tálba, és adj hozzá néhány csepp gránátalma melaszt és némi mentát.

45. Svájci mángold tahinivel, joghurttal és fenyőmaggal

ÖSSZETEVŐK:
- 2¾ font / 1,3 kg svájci mángold
- 2½ evőkanál / 40 g sótlan vaj
- 2 evőkanál olívaolaj, plusz plusz a befejezéshez
- 5 evőkanál / 40 g fenyőmag
- 2 kis gerezd fokhagyma, nagyon vékonyra szeletelve
- ¼ csésze / 60 ml száraz fehérbor
- édes paprika, díszítéshez (elhagyható)
- sót és frissen őrölt fekete borsot

TAHINI és JOGURT SZÓSZ
- 3½ evőkanál / 50 g világos tahini paszta
- 4½ evőkanál / 50 g görög joghurt
- 2 evőkanál frissen facsart citromlé
- 1 gerezd fokhagyma, összetörve
- 2 evőkanál víz

UTASÍTÁS:

a) Kezdje a szósszal. Tegyük az összes hozzávalót egy közepes tálba, adjunk hozzá egy csipet sót, és egy kis habverővel keverjük jól, amíg sima, félkemény masszát nem kapunk. Félretesz, mellőz.

b) Éles késsel válassza el a fehér mángold szárát a zöld levelektől, és vágja mindkettőt ¾ hüvelyk / 2 cm széles szeletekre, külön tartva őket. Forraljunk fel egy nagy lábas sós vizet, és adjuk hozzá a mángold szárát. 2 percig pároljuk, hozzáadjuk a leveleket, és még egy percig főzzük. Lecsepegtetjük és hideg víz alatt jól átöblítjük. Hagyja lefolyni a vizet, majd a kezével nyomja össze a mángoldot, amíg teljesen meg nem szárad.

c) Tegye a vaj felét és a 2 evőkanál olívaolajat egy nagy serpenyőbe, és helyezze közepes lángra. Ha már felforrósodott, adjuk hozzá a fenyőmagot, és dobjuk a serpenyőbe aranybarnára, körülbelül 2 perc alatt. Egy lyukas kanál segítségével távolítsa el őket a serpenyőből, majd dobja bele a fokhagymát. Körülbelül egy percig főzzük, amíg aranyszínűvé nem kezd. Óvatosan (kiköp!) öntsük hozzá a bort. Hagyja állni egy percig vagy kevesebbet, amíg körülbelül egyharmadára csökken. Adjuk hozzá a mángoldot és a többi vajat, és főzzük 2-3 percig, időnként megkeverve, amíg a mángold teljesen fel nem melegszik. ½ teáskanál sóval és kevés fekete borssal ízesítjük.

d) Osszuk szét a mángoldot az egyes tálak között, öntsünk rá egy kis tahini szószt, és szórjuk meg a fenyőmaggal. Végül meglocsoljuk olívaolajjal, és ízlés szerint megszórjuk egy kis fűszerpaprikával.

46. Kofta B'siniyah

ÖSSZETEVŐK:
- ⅔ csésze / 150 g világos tahini paszta
- 3 evőkanál frissen facsart citromlé
- ½ csésze / 120 ml víz
- 1 közepes gerezd fokhagyma, összetörve
- 2 evőkanál napraforgóolaj
- 2 evőkanál / 30 g sótlan vaj vagy ghí (opcionális)
- pirított fenyőmag, díszítéshez
- finomra vágott lapos petrezselyem, díszítéshez
- édes paprika, díszítésnek
- só

KOFTA
- 14 uncia / 400 g darált bárányhús
- 14 oz / 400 g darált borjú- vagy marhahús
- 1 kis hagyma (körülbelül 150 g), apróra vágva
- 2 nagy gerezd fokhagyma, összetörve
- 7 evőkanál / 50 g pirított fenyőmag, durvára vágva
- ½ csésze / 30 g finomra vágott lapos petrezselyem
- 1 nagy közepesen csípős piros chili kimagozva és apróra vágva
- 1½ teáskanál őrölt fahéj
- 1½ teáskanál őrölt szegfűbors
- ¾ tk reszelt szerecsendió
- 1½ teáskanál frissen őrölt fekete bors
- 1½ teáskanál só

UTASÍTÁS:
a) Tedd a kofta összes hozzávalóját egy tálba, és a kezeddel alaposan keverd össze az egészet. Most formázzunk hosszú, torpedószerű ujjakká, nagyjából 8 cm hosszúak (egyenként kb. 2 uncia/60 g). Nyomja meg a keveréket, hogy összenyomja, és győződjön meg arról, hogy minden kofta feszes és megtartja alakját. Tegye egy tányérra, és hűtse le, amíg készen nem áll a főzésre, legfeljebb 1 napig.

b) Melegítsük elő a sütőt 425°F / 220°C-ra. Egy közepes tálban keverje össze a tahini pasztát, a citromlevet, a vizet, a fokhagymát és a ¼ teáskanál sót. A szósznak kissé folyósabbnak kell lennie, mint a méznél; adjunk hozzá 1-2 evőkanál vizet, ha szükséges.

c) Egy nagy serpenyőben nagy lángon felhevítjük a napraforgóolajat, és megpirítjuk a koftát. Tegye ezt kötegekben, hogy ne szoruljanak egymáshoz. Süssük minden oldalukat aranybarnára, adagonként körülbelül 6 percig. Ezen a ponton közepesen ritkáknak kell lenniük. Kivesszük a formából, és sütőpapíros tepsire rendezzük. Ha közepesre vagy jól sültre szeretné sütni, tegye be a tepsit a sütőbe 2-4 percre.
d) A kofta köré kanalazzuk a tahini szószt, hogy ellepje a serpenyő alját. Ha szereted, a koftára is csorgass, de a hús egy részét hagyd szabadon. Tedd a sütőbe egy-két percre, hogy a szósz kicsit felmelegedjen.
e) Közben ha vajat használunk, olvasszuk fel egy kis lábasban, és hagyjuk kicsit megpirulni, vigyázva, hogy ne égjen meg. A koftára kanalazzuk a vajat, amint kijöttek a sütőből. Megszórjuk a fenyőmaggal és a petrezselyemmel, majd megszórjuk a paprikával. Egyszerre tálaljuk.

47. Sabih

ÖSSZETEVŐK:
- 2 nagy padlizsán (összesen kb. 1⅔ font / 750 g)
- körülbelül 1¼ csésze / 300 ml napraforgóolaj
- 4 szelet jó minőségű fehér kenyér, pirítva, vagy friss és nedves mini pita
- 1 csésze / 240 ml Tahini szósz
- 4 nagy szabadtartású tojás keményre főzve, meghámozva és 1 cm vastag szeletekre vágva vagy negyedelve
- körülbelül 4 evőkanál Zhoug
- amba vagy sós mangó savanyúság (elhagyható)
- sót és frissen őrölt fekete borsot

APRÁTOTT SALÁTA
- 2 közepes érett paradicsom 1 cm-es kockákra vágva (összesen kb. 1 csésze / 200 g)
- 2 mini uborka ⅜ hüvelykes / 1 cm-es kockákra vágva (összesen kb. 1 csésze / 120 g)
- 2 zöldhagyma, vékonyra szeletelve
- 1½ evőkanál apróra vágott lapos petrezselyem
- 2 tk frissen facsart citromlé
- 1½ evőkanál olívaolaj

UTASÍTÁS:
a) Zöldséghámozóval hámozd le a padlizsán bőrcsíkjait felülről lefelé, és hagyd a padlizsánon váltakozó fekete bőr- és fehér húscsíkokat, amelyek zebraszerűek. Vágja mindkét padlizsánt szélességében 1 hüvelyk / 2,5 cm vastag szeletekre. Mindkét oldalukat szórjuk meg sóval, majd terítsük ki egy tepsire, és hagyjuk állni legalább 30 percig, hogy eltávolítsa a vizet. Használjon papírtörlőt a törléshez.
b) Egy széles serpenyőben felforrósítjuk a napraforgóolajat. A padlizsánszeleteket óvatosan – az olajköpéseken – szép és sötétre sütjük, egyszer megforgatva, összesen 6-8 percig. Ha szükséges, adjon hozzá olajat a főzés során. Ha kész, a padlizsándaraboknak teljesen puhának kell lenniük a közepén. Kivesszük a tepsiből és papírtörlőn lecsepegtetjük.
c) Az apróra vágott salátát úgy készítsük el, hogy az összes hozzávalót összekeverjük, és ízlés szerint sózzuk, borsozzuk.

d) Közvetlenül tálalás előtt minden tányérra tegyünk 1 szelet kenyeret vagy pitát. Minden szeletre kanalazunk 1 evőkanál tahini szószt, majd a padlizsánszeleteket egymásra helyezzük. Csepegtess rá még egy kis tahinit, de anélkül, hogy teljesen befedné a padlizsánszeleteket. Mindegyik tojásszeletet sóval és borssal ízesítjük, és a padlizsánra helyezzük. Csorgassunk még tahinit a tetejére, és kanalazzuk rá annyi zhoug-ot, amennyit csak szeretnénk; vigyázz, meleg van! Ízlés szerint kanalazzuk rá a mangós savanyúságot is. A zöldségsalátát az oldalára tálaljuk, tetszés szerint minden adag tetejére kanalazunk.

48.Búzabogyó, mángold és gránátalma melasz

ÖSSZETEVŐK:

- 1⅓ lb / 600 g mángold vagy szivárványos mángold
- 2 evőkanál olívaolaj
- 1 evőkanál sótlan vaj
- 2 nagy póréhagyma, fehér és halványzöld részek, vékonyra szeletelve (3 csésze / összesen 350 g)
- 2 evőkanál világos barna cukor
- kb 3 evőkanál gránátalma melasz
- 1¼ csésze / 200 g hántolatlan vagy hántolatlan búzabogyó
- 2 csésze / 500 ml csirke alaplé
- sót és frissen őrölt fekete borsot
- Görög joghurt, tálaláshoz

UTASÍTÁS:

a) Válasszuk le a mángold fehér szárát a zöld levelektől egy kis, éles késsel. Szeletelje fel a szárakat 1 cm-es szeletekre, a leveleket pedig 2 cm-es szeletekre.

b) Egy nagy, vastag aljú serpenyőben felforrósítjuk az olajat és a vajat. Hozzáadjuk a póréhagymát, és kevergetve 3-4 percig főzzük. Adjuk hozzá a mángold szárát, és főzzük 3 percig, majd adjuk hozzá a leveleket, és főzzük további 3 percig. Adjuk hozzá a cukrot, 3 evőkanál gránátalma melaszt és a búzabogyókat, és jól keverjük össze. Adjuk hozzá az alaplevet, ¾ teáskanál sót és némi fekete borsot, forraljuk fel enyhén lassú tűzön, és főzzük alacsony lángon, lefedve 60-70 percig. A búzának ezen a ponton al dente kell lennie.

c) Vegye le a fedőt, és ha szükséges, növelje a hőt, és hagyja, hogy a maradék folyadék elpárologjon. A serpenyő alja legyen száraz, és legyen rajta egy kis égett karamell. Levesszük a tűzről.

d) Tálalás előtt kóstolja meg és adjon hozzá még melaszt, sót és borsot, ha szükséges; élesen és édesen szeretnéd, szóval ne félj a melasztól. Melegen, egy csésze görög joghurttal tálaljuk.

49. Balilah

ÖSSZETEVŐK:

- 1 csésze / 200 g szárított csicseriborsó
- 1 tk szódabikarbóna
- 1 csésze / 60 g apróra vágott lapos petrezselyem
- 2 zöldhagyma, vékonyra szeletelve
- 1 nagy citrom
- 3 evőkanál olívaolaj
- 2½ teáskanál őrölt kömény
- sót és frissen őrölt fekete borsot

UTASÍTÁS:

a) Előző este tedd a csicseriborsót egy nagy tálba, és öntsd fel hideg vízzel legalább kétszeres térfogatú. Adjuk hozzá a szódabikarbónát, és hagyjuk szobahőmérsékleten ázni egy éjszakán át.

b) A csicseriborsót lecsepegtetjük, és egy nagy serpenyőbe tesszük. Felöntjük bő hideg vízzel, és nagy lángra tesszük. Forraljuk fel, hámozzuk le a víz felszínét, majd csökkentsük a hőt, és főzzük 1-1,5 órán át, amíg a csicseriborsó nagyon megpuhul, de megtartja alakját.

c) Amíg a csicseriborsó fő, tedd egy nagy keverőtálba a petrezselymet és a zöldhagymát. Hámozzuk meg a citromot úgy, hogy felöntjük és meghámozzuk, deszkára tesszük, és egy kis éles késsel húzzuk végig a íveit, hogy eltávolítsuk a bőrt és a fehér magot. Dobja el a bőrt, a magot és a magokat, és vágja durvára a húst. Adja hozzá a húst és az összes levet a tálba.

d) Ha kész a csicseriborsó, leszűrjük, és még forrón hozzáadjuk a tálba. Adjuk hozzá az olívaolajat, a köményt, ¾ teáskanál sót és egy jó őrölt borsot. Jól összekeverni. Hagyjuk langyosra hűlni, kóstoljuk meg a fűszerezést, és tálaljuk.

50.Sáfrányos rizs borbolával és pisztáciával

ÖSSZETEVŐK:

- 2½ evőkanál / 40 g sótlan vaj
- 2 csésze / 360 g basmati rizs, hideg vízzel leöblítve és jól lecsepegtetve
- 2⅓ csésze / 560 ml forrásban lévő víz
- 1 teáskanál sáfrányszál, 3 evőkanál forrásban lévő vízben 30 percig áztatva
- ¼ csésze / 40 g szárított borbolya, néhány percre forrásban lévő vízbe áztatva egy csipet cukorral
- 1 uncia / 30 g kapor, durvára vágva
- ⅔ oz / 20 g cseresznye, durvára vágva
- ⅓ oz / 10 g tárkony, durvára vágva
- ½ csésze / 60 g apróra vágott vagy zúzott sózatlan pisztácia, enyhén pirítva
- sót és frissen őrölt fehér borsot

UTASÍTÁS:

a) Olvasszuk fel a vajat egy közepes serpenyőben, és keverjük hozzá a rizst, ügyelve arra, hogy a szemek jól bevonják a vajat. Adjuk hozzá a forrásban lévő vizet, 1 teáskanál sót és egy kis fehér borsot. Jól keverjük össze, fedjük le szorosan záródó fedéllel, és hagyjuk nagyon alacsony lángon főni 15 percig. Ne essen kísértésbe, hogy felfedje a serpenyőt; hagynia kell, hogy a rizs megfelelően megpároljon.

b) Vegyük le a rizsserpenyőt a tűzről – a rizs az összes vizet magába szívja –, és öntsük a sáfrányos vizet a rizs egyik oldalára úgy, hogy a felület körülbelül egynegyedét borítsuk be, és a nagy része fehér marad. Azonnal fedje le a serpenyőt konyharuhával, és szorosan zárja le a fedővel. Tedd félre 5-10 percre.

c) Egy nagy kanál segítségével távolítsa el a rizs fehér részét egy nagy keverőtálba, és villával pörgesse fel. Csepegtessük le a borbolát, és keverjük hozzá, majd a fűszernövényeket és a pisztácia nagy részét, hagyjunk néhányat a díszítéshez. Jól összekeverni.

d) A sáfrányos rizst villával puhára forgatjuk, és óvatosan a fehér rizsbe forgatjuk. Ne keverje túl – nem akarja, hogy a fehér szemcséket a sárga foltos legyen. Kóstoljuk meg és állítsuk be a fűszerezést.

e) Tegye át a rizst egy sekély tálba, és szórja rá a maradék pisztáciát. Melegen vagy szobahőmérsékleten tálaljuk.

51.Sofrito csirke

ÖSSZETEVŐK:

- 1 evőkanál napraforgóolaj
- 1 kis szabadtartású csirke, körülbelül 3¼ font / 1,5 kg, pillangósan vagy negyedelve
- 1 tk édes paprika
- ¼ tk őrölt kurkuma
- ¼ teáskanál cukor
- 2½ evőkanál frissen facsart citromlé
- 1 nagy hagyma, meghámozva és negyedelve
- napraforgóolaj, sütéshez
- 1⅔ font / 750 g Yukon Gold burgonya, meghámozva, megmosva és 2 cm-es kockákra vágva
- 25 gerezd fokhagyma, hámozatlan
- sót és frissen őrölt fekete borsot

UTASÍTÁS:

a) Öntse az olajat egy nagy, sekély serpenyőbe vagy holland sütőbe, és tegye közepes lángra. Tegye a csirkét laposan a serpenyőbe, bőrével lefelé, és süsse 4-5 percig, amíg aranybarna nem lesz.
b) Ízesítsük végig paprikával, kurkumával, cukorral, ¼ teáskanál sóval, jó őrölt fekete borssal és 1½ evőkanál citromlével. Fordítsuk meg a csirkét úgy, hogy a bőre felfelé nézzen, adjuk hozzá a hagymát a serpenyőhöz, és fedjük le. Csökkentse a hőt alacsonyra, és főzze összesen körülbelül 1,5 órán át; ebbe beletartozik az az idő is, amikor a csirke megfőtt a burgonyával.
c) Időnként emelje fel a fedőt, hogy ellenőrizze a folyadék mennyiségét a serpenyő alján. Az ötlet az, hogy a csirkét a saját levében főzzük és pároljuk, de szükség lehet egy kevés forrásban lévő víz hozzáadására, hogy mindig 5 mm-nyi folyadék legyen a serpenyő alján.
d) Miután a csirke körülbelül 30 percig főtt, öntsön napraforgóolajat egy közepes serpenyőbe 3 cm mélységig, és helyezze közepesen magas lángra. A burgonyát és a fokhagymát néhány részletben, adagonként körülbelül 6 percig sütjük, amíg színt nem kap és ropogós lesz. Egy réskanállal emelje le az egyes adagokat az olajról papírtörlőre, majd szórja meg sóval.
e) Miután a csirkét 1 órán át főtt, emeljük ki a serpenyőből, és kanalazzuk bele a sült burgonyát és a fokhagymát, keverjük össze a főzőlével. Tegye vissza a csirkét a serpenyőbe, és tegye a burgonya tetejére a főzés hátralevő részében, azaz 30 percben. A csirkének le kell esnie a csontról, a burgonyát pedig a főzőfolyadékban kell áztatni és teljesen puhára. Tálaláskor meglocsoljuk a maradék citromlével.

52.Vadrizs csicseriborsóval és ribizlivel

ÖSSZETEVŐK:

- ⅓ csésze / 50 g vadrizs
- 2½ evőkanál olívaolaj
- lekerekített 1 csésze / 220 g basmati rizs
- 1½ csésze / 330 ml forrásban lévő víz
- 2 tk köménymag
- 1½ teáskanál curry por
- 1½ csésze / 240 g főtt és lecsepegtetett csicseriborsó (konzerv is jó)
- ¾ csésze / 180 ml napraforgóolaj
- 1 közepes vöröshagyma, vékonyra szeletelve
- 1½ teáskanál univerzális liszt
- ⅔ csésze / 100 g ribizli
- 2 evőkanál apróra vágott lapos petrezselyem
- 1 evőkanál apróra vágott koriander
- 1 evőkanál apróra vágott kapor
- sót és frissen őrölt fekete borsot

UTASÍTÁS:

a) Kezdje azzal, hogy a vadrizst egy kis serpenyőbe tesszük, felöntjük bő vízzel, felforraljuk, és körülbelül 40 percig pároljuk, amíg a rizs meg nem fő, de még elég kemény. Lecsepegtetjük és félretesszük.

b) A basmati rizs elkészítéséhez öntsön 1 evőkanál olívaolajat egy közepes méretű serpenyőbe, szorosan záródó fedővel, és helyezze magas lángra. Adjuk hozzá a rizst és ¼ teáskanál sót, és keverjük össze, miközben felmelegítjük a rizst. Óvatosan öntsük hozzá a forrásban lévő vizet, csökkentsük a hőt nagyon alacsonyra, fedjük le az edényt, és hagyjuk főni 15 percig.

c) Vegyük le a serpenyőt a tűzről, fedjük le tiszta konyharuhával, majd fedjük le, és hagyjuk 10 percig a tűzről.

d) Amíg a rizs fő, elkészítjük a csicseriborsót. A maradék 1½ evőkanál olívaolajat egy kis serpenyőben nagy lángon felhevítjük. Adjuk hozzá a köménymagot és a curryport, várjunk néhány másodpercet, majd adjuk hozzá a csicseriborsót és ¼ teáskanál sót; ügyeljen arra, hogy ezt gyorsan tegye, különben a fűszerek megéghetnek az olajban.

Egy-két percig kevergessük a tűzön, hogy a csicseriborsó felmelegedjen, majd tegyük át egy nagy keverőtálba.

e) Törölje tisztára a serpenyőt, öntse bele a napraforgóolajat, és helyezze magas lángra. Győződjön meg róla, hogy az olaj forró, dobjon bele egy kis darab hagymát; erőteljesen sercegnie kell. Kezével keverje össze a hagymát a liszttel, hogy kissé bevonja. Vegyünk egy keveset a hagymából, és óvatosan (kiköphet!) helyezzük bele az olajba. 2-3 percig sütjük, amíg aranybarna nem lesz, majd papírtörlőre tesszük lecsepegni, és megszórjuk sóval. Ismételje meg adagonként, amíg az összes hagyma megpirul.

f) Végül adjunk hozzá mindkét fajta rizst a csicseriborsóhoz, majd adjuk hozzá a ribizlit, a fűszernövényeket és a pirított hagymát. Keverjük össze, kóstoljuk meg, sózzuk, borsozzuk ízlés szerint. Melegen vagy szobahőmérsékleten tálaljuk.

53.Égetett padlizsán Gránátalma magok

ÖSSZETEVŐK:
- 4 nagy padlizsán (3¼ font / 1,5 kg főzés előtt; 2½ csésze / 550 g megégetés és a hús lecsepegtetése után)
- 2 gerezd fokhagyma, összetörve
- 1 citrom reszelt héja és 2 evőkanál frissen facsart citromlé
- 5 evőkanál olívaolaj
- 2 evőkanál apróra vágott lapos petrezselyem
- 2 evőkanál apróra vágott menta
- ½ nagy gránátalma magja (½ csésze / összesen 80 g)
- sót és frissen őrölt fekete borsot

UTASÍTÁS:
a) Ha van gáztűzhelye, bélelje ki a talpat alufóliával, hogy megvédje, és csak az égők maradjanak szabadon.
b) Helyezze a padlizsánt közvetlenül négy különálló gázégőre, közepes lánggal, és süsse 15-18 percig, amíg a héja meg nem ég, pelyhes lesz, a hús pedig megpuhul. Használjon fém fogót, hogy időnként megfordítsa őket.
c) Alternatív megoldásként a padlizsánokat késsel néhány helyen, kb. ¾ hüvelyk / 2 cm mélyen bevágjuk, és sütőlapra helyezzük egy forró broiler alá, körülbelül egy órára. Körülbelül 20 percenként fordítsa meg őket, és folytassa a főzést akkor is, ha szétrepednek és eltörnek.
d) Vegyük le a padlizsánt a tűzről, és hagyjuk kicsit kihűlni. Ha már elég kihűlt ahhoz, hogy kezelni tudja, vágjon egy nyílást minden padlizsán mentén, és kanalazzuk ki a puha húsát, és osszuk el kézzel hosszú, vékony csíkokra. Dobja el a bőrt. A húst szűrőedényben szűrjük le legalább egy órára, lehetőleg tovább, hogy minél több víztől megszabaduljunk.
e) Helyezze a padlizsán pépet egy közepes tálba, és adja hozzá a fokhagymát, a citrom héját és levét, az olívaolajat, ½ teáskanál sót és egy jó őrölt fekete borsot. Keverjük össze, és hagyjuk a padlizsánt szobahőmérsékleten pácolódni legalább egy órán keresztül.
f) Ha készen állunk a tálalásra, keverjük bele a legtöbb fűszernövényt, és ízesítsük. Tányérra halmozzuk, rászórjuk a gránátalma magokat, és a maradék fűszernövényekkel díszítjük.

54.Árpa rizottó pácolt fetával

ÖSSZETEVŐK:

- 1 csésze / 200 g gyöngy árpa
- 2 evőkanál / 30 g sótlan vaj
- 6 evőkanál / 90 ml olívaolaj
- 2 kis zellerszár, 0,5 cm-es kockákra vágva
- 2 kis medvehagyma 0,5 cm-es kockákra vágva
- 4 gerezd fokhagyma, 1/16 hüvelykes / 2 mm-es kockákra vágva
- 4 szál kakukkfű
- ½ tk füstölt paprika
- 1 babérlevél
- 4 csík citromhéj
- ¼ tk chili pehely
- egy 14 uncia / 400 g-os doboz apróra vágott paradicsom
- 3 csésze / 700 ml zöldségalaplé
- 1¼ csésze / 300 ml passata (szitált zúzott paradicsom)
- 1 evőkanál kömény
- 10½ uncia / 300 g feta sajt, nagyjából 2 cm-es darabokra törve
- 1 evőkanál friss oregánó levél
- só

UTASÍTÁS:

a) Az árpát alaposan öblítsük le hideg víz alatt, és hagyjuk lecsepegni.
b) Olvasszuk fel a vajat és 2 evőkanál olívaolajat egy nagyon nagy serpenyőben, és süssük puhára a zellert, a medvehagymát és a fokhagymát enyhe lángon 5 percig. Adjuk hozzá az árpát, a kakukkfüvet, a paprikát, a babérlevelet, a citromhéjat, a chili pehelyt, a paradicsomot, az alaplevet, a passatát és a sót. Keverjük össze.
c) Forraljuk fel a keveréket, majd csökkentsük nagyon enyhe lassú tűzön, és főzzük 45 percig, gyakran kevergetve, hogy a rizottó ne ragadjon rá a serpenyő aljára. Ha kész, az árpának puhanak kell lennie, és a folyadék nagy része felszívódik.
d) Közben a köménymagot száraz serpenyőben pár percig pirítjuk. Ezután enyhén törje össze őket, hogy néhány egész mag maradjon. Adja hozzá őket a fetához a maradék 4 evőkanál / 60 ml olívaolajjal, és óvatosan keverje össze.
e) Ha kész a rizottó, ellenőrizze a fűszerezést, majd ossza el négy sekély tálba. Mindegyik tetejére tegyük meg a pácolt fetát, beleértve az olajat, és egy oregánólevéllel.

55.Sült csirke klementinnel

ÖSSZETEVŐK:

- 6½ evőkanál / 100 ml arak, ouzo vagy pernod
- 4 evőkanál olívaolaj
- 3 evőkanál frissen facsart narancslé
- 3 evőkanál frissen facsart citromlé
- 2 evőkanál szemes mustár
- 3 evőkanál világos barna cukor
- 2 közepes édesköményhagyma (1 font / 500 g összesen)
- 1 nagy bio- vagy szabadtartású csirke, körülbelül 2¾ lb / 1,3 kg, 8 részre osztva, vagy ugyanennyi súlyú bőrös, csontos csirkecomb
- 4 klementin hámozatlanul (összesen 14 uncia / 400 g), vízszintesen 0,5 cm-es szeletekre vágva
- 1 evőkanál kakukkfű levél
- 2½ teáskanál édesköménymag, enyhén összetörve
- sót és frissen őrölt fekete borsot
- apróra vágott lapos petrezselyem, díszítéshez

UTASÍTÁS:

a) Tegye az első hat összetevőt egy nagy keverőtálba, és adjon hozzá 2,5 teáskanál sót és 1,5 teáskanál fekete borsot. Jól felverjük és félretesszük.
b) Vágja le az édesköményt, és vágja félbe mindegyik hagymát hosszában. Mindegyik felét 4 szeletre vágjuk. Adjuk hozzá az édesköményt a folyadékokhoz a csirkedarabokkal, a klementinszeletekkel, a kakukkfűvel és az édesköménymaggal együtt. Keverjük jól össze kézzel, majd tegyük a hűtőbe pár órára vagy egy éjszakára pácolódni (a pácolási szakaszt is jó kihagyni, ha szorít az idő).
c) Melegítsük elő a sütőt 475°F / 220°C-ra. Helyezze át a csirkét és a pácát egy akkora tepsire, hogy minden kényelmesen elférjen egy rétegben (nagyjából 12 × 14½ hüvelyk / 30 × 37 cm-es tepsi); a csirke bőrének felfelé kell néznie. Ha a sütő kellően felforrósodott, tedd be a tepsit a sütőbe, és süsd 35-45 percig, amíg a csirke elszíneződik és átsül. Vegye ki a sütőből.
d) Emelje ki a csirkét, az édesköményt és a klementineket a serpenyőből, és helyezze el a tányéron; takarjuk le és tartsuk melegen.
e) Öntsük a főzőfolyadékot egy kis serpenyőbe, tegyük közepes-nagy lángra, forraljuk fel, majd addig főzzük, amíg a szósz egyharmadára csökken, így kb. ⅓ csésze / 80 ml marad.
f) A csípős szószt a csirkére öntjük, petrezselyemmel díszítjük, és tálaljuk.

56.Mejadra

ÖSSZETEVŐK:
- 1¼ csésze / 250 g zöld vagy barna lencse
- 4 közepes hagyma (1½ lb / 700 g hámozás előtt)
- 3 evőkanál univerzális liszt
- körülbelül 1 csésze / 250 ml napraforgóolaj
- 2 tk köménymag
- 1½ evőkanál koriandermag
- 1 csésze / 200 g basmati rizs
- 2 evőkanál olívaolaj
- ½ teáskanál őrölt kurkuma
- 1½ teáskanál őrölt szegfűbors
- 1½ teáskanál őrölt fahéj
- 1 tk cukor
- 1½ csésze / 350 ml víz
- sót és frissen őrölt fekete borsot

UTASÍTÁS:
a) A lencsét egy kis serpenyőbe tesszük, felöntjük bő vízzel, felforraljuk, és 12-15 percig főzzük, amíg a lencse megpuhul, de még van egy kis falat. Lecsepegtetjük és félretesszük.
b) A hagymát megpucoljuk és vékonyan felszeleteljük. Tedd egy nagy lapos tányérra, szórd meg a liszttel és 1 teáskanál sóval, majd jól keverd össze kézzel. Melegítsük fel a napraforgóolajat egy közepesen vastag aljú serpenyőben, amelyet nagy lángra helyezünk. Győződjön meg róla, hogy az olaj forró, dobjon bele egy kis darab hagymát; erőteljesen sercegnie kell. Csökkentse a lángot közepesen magasra, és óvatosan (kiköphet!) adjuk hozzá a felszeletelt hagyma egyharmadát. Süssük 5-7 percig, időnként megkeverve lyukaskanállal, amíg a hagyma szép aranybarna színt nem kap és ropogós nem lesz (a hőmérsékletet úgy állítsuk be, hogy a hagyma ne süljön túl gyorsan és ne égjen meg). A kanál segítségével tegyük át a hagymát egy papírtörlővel bélelt szűrőedénybe, és szórjuk meg még egy kevés sóval. Ugyanezt tegye a másik két adag hagymával; ha szükséges, adjunk hozzá egy kevés olajat.
c) Törölje tisztára a serpenyőt, amelyben a hagymát sütötte, és tegye bele a köményt és a koriandermagot. Közepes lángra tesszük, és egy-két percig pirítjuk a magokat. Adjuk hozzá a

rizst, az olívaolajat, a kurkumát, a szegfűborsot, a fahéjat, a cukrot, ½ teáskanál sót és sok fekete borsot. Keverjük össze, hogy a rizst bevonja az olajjal, majd adjuk hozzá a főtt lencsét és a vizet. Forraljuk fel, fedjük le, és lassú tűzön pároljuk 15 percig.
d) Vegyük le a tűzről, emeljük le a fedőt, és gyorsan fedjük le a serpenyőt egy tiszta konyharuhával. Zárja le szorosan a fedéllel, és tegye félre 10 percig.
e) Végül a rizshez és a lencséhez adjuk a pirított hagyma felét, és villával óvatosan keverjük össze. A keveréket egy sekély tálba halmozzuk, és a tetejére tesszük a többi hagymát.

57.Panfried Sea Bass Harissával és Rose-val

ÖSSZETEVŐK:
- 3 evőkanál harissa paszta (bolti vagy lásd a receptet)
- 1 tk őrölt kömény
- 4 tengeri sügér filé, összesen körülbelül 1 font / 450 g, bőrrel és eltávolított tűcsontokkal
- univerzális liszt, porozáshoz
- 2 evőkanál olívaolaj
- 2 közepes hagyma, apróra vágva
- 6½ evőkanál / 100 ml vörösborecet
- 1 tk őrölt fahéj
- 1 csésze / 200 ml víz
- 1½ evőkanál méz
- 1 evőkanál rózsavíz
- ½ csésze / 60 g ribizli (opcionális)
- 2 evőkanál durvára vágott koriander (elhagyható)
- 2 tk kis szárított ehető rózsaszirom
- sót és frissen őrölt fekete borsot

UTASÍTÁS:
a) Először pácoljuk be a halat. Keverje össze a harissa paszta felét, az őrölt köményt és ½ teáskanál sót egy kis tálban. Dörzsölje át a masszával a halfilét, és hagyja 2 órán át pácolódni a hűtőben.
b) A filéket megszórjuk egy kevés liszttel, és a felesleget lerázzuk róla. Az olívaolajat egy széles serpenyőben közepes-nagy lángon felforrósítjuk, és mindkét oldalát 2 percig sütjük. Lehet, hogy ezt két tételben kell megtennie. A halat félretesszük, az olajat a serpenyőben hagyjuk, és hozzáadjuk a hagymát. Körülbelül 8 percig keverjük, amíg a hagyma aranybarna nem lesz.
c) Adjuk hozzá a maradék harissát, az ecetet, a fahéjat, ½ teáskanál sót és sok fekete borsot. Felöntjük vízzel, csökkentjük a hőt, és 10-15 percig hagyjuk a szószt puhára párolni, amíg elég sűrű nem lesz.
d) Adjuk hozzá a mézet és a rózsavizet a serpenyőbe a ribizlivel együtt, ha használunk, és puhára pároljuk még néhány percig. Kóstolja meg és állítsa be a fűszerezést, majd tegye vissza a

halfilét a serpenyőbe; kissé átfedheti őket, ha nem illenek teljesen.
e) A mártást a halra kanalazzuk, és 3 percig hagyjuk felmelegedni a pároló szószban; lehet, hogy hozzá kell adni néhány evőkanál vizet, ha a szósz nagyon sűrű.
f) Melegen vagy szobahőmérsékleten tálaljuk, megszórjuk a korianderrel, ha használunk, és a rózsaszirmokkal.

58. Garnélarák, fésűkagyló és kagyló paradicsommal és fetával

ÖSSZETEVŐK:

- 1 csésze / 250 ml fehérbor
- 2¼ font / 1 kg kagyló, dörzsölt
- 3 gerezd fokhagyma, vékonyra szeletelve
- 3 evőkanál olívaolaj, plusz plusz a befejezéshez
- 3½ csésze / 600 g hámozott és apróra vágott olasz szilvaparadicsom (friss vagy konzerv)
- 1 tk szuperfinom cukor
- 2 evőkanál apróra vágott oregánó
- 1 citrom
- 7 oz / 200 g tigrisrák, meghámozva és kifejezve
- 200 g nagy kagyló (ha nagyon nagy, vízszintesen kettévágva)
- 4 uncia / 120 g feta sajt, ¾ hüvelykes / 2 cm-es darabokra törve
- 3 zöldhagyma, vékonyra szeletelve
- sót és frissen őrölt fekete borsot

UTASÍTÁS:

a) Helyezze a bort egy közepes serpenyőbe, és forralja, amíg háromnegyedére csökken. Hozzáadjuk a kagylókat, azonnal fedjük le, és nagy lángon körülbelül 2 percig főzzük, időnként megrázva a serpenyőt, amíg a kagylók ki nem nyílnak. Tegyük át egy finom szitára, hogy lecsöpögjön, a főzőlevet egy tálba szedjük. Dobja el a nem nyíló kagylókat, majd távolítsa el a maradékot a héjából, hagyjon néhányat a héjukkal együtt, hogy befejezze az ételt, ha úgy tetszik.

b) Melegítsük elő a sütőt 475°F / 240°C-ra.

c) Egy nagy serpenyőben pirítsd meg a fokhagymát az olívaolajon közepesen magas lángon körülbelül 1 percig, amíg aranybarna nem lesz. Óvatosan adjuk hozzá a paradicsomot, a kagylófolyadékot, a cukrot, az oregánót és egy kis sót és borsot. Borotváljon le 3 héjat a citromról, adja hozzá, és lassú tűzön párolja 20-25 percig, amíg a szósz besűrűsödik. Kóstoljuk meg, és szükség szerint sózzuk, borsozzuk. Dobd el a citrom héját.

d) Adjuk hozzá a garnélarákot és a kagylót, óvatosan keverjük össze, és főzzük csak egy-két percig. Hajtsuk bele a héjas kagylót, és tegyük át mindent egy kis tűzálló edénybe. A feta

darabokat mártsuk a szószba, és szórjuk meg a zöldhagymával.
e) A tetejére tetszés szerint tegyünk héjában kagylót, és tegyük a sütőbe 3-5 percre, amíg a teteje kissé meg nem színeződik, és a garnélarák és a tengeri herkentyűk meg nem sülnek.
f) Vegyük ki az edényt a sütőből, facsarjunk a tetejére egy kevés citromlevet, és csepegtessük olívaolajjal a végén.

59.Párolt fürj sárgabarackkal és tamarinddal

ÖSSZETEVŐK:

- 4 extra nagy fürj, egyenként körülbelül 190 g, a szegycsont és a hát mentén kettévágva
- ¾ tk chili pehely
- ¾ tk őrölt kömény
- ½ teáskanál édesköménymag, enyhén összetörve
- 1 evőkanál olívaolaj
- 1¼ csésze / 300 ml víz
- 5 evőkanál / 75 ml fehérbor
- ⅔ csésze / 80 g szárított sárgabarack, vastagon szeletelve
- 2½ evőkanál / 25 g ribizli
- 1½ evőkanál szuperfinom cukor
- 1½ evőkanál tamarind paszta
- 2 evőkanál frissen facsart citromlé
- 1 tk szedett kakukkfű levél
- sót és frissen őrölt fekete borsot
- 2 evőkanál apróra vágott vegyes koriander és lapos petrezselyem, díszítéshez (elhagyható)

UTASÍTÁS:

a) Törölje le a fürjet papírtörlővel, és tegye egy keverőtálba. Szórjuk meg a chilipelyhekkel, köménnyel, édesköménymaggal, ½ teáskanál sóval és némi fekete borssal. Jól masszírozd be a kezeddel, majd fedd le és hagyd a hűtőben pácolódni legalább 2 órára vagy egy éjszakára.

b) Melegítsd fel az olajat közepes-nagy lángon egy serpenyőben, amely éppen akkora, hogy jól elférjen benne a madarak, és amelyhez van egy fedő. A madarakat minden oldalukon kb. 5 percig pirítsuk, hogy szép aranybarna színt kapjanak.

c) Vegye ki a fürjet a serpenyőből, és dobja ki a zsír nagy részét, hagyjon meg körülbelül 1,5 teáskanálnyit. Adjuk hozzá a vizet, a bort, a sárgabarackot, a ribizlit, a cukrot, a tamarindot, a citromlevet, a kakukkfüvet, a ½ teáskanál sót és egy kis fekete borsot. Tegye vissza a fürjet a serpenyőbe. A víznek háromnegyed részéig kell jönnie a madarak oldalán; ha nem, adjunk hozzá még vizet. Forraljuk fel, fedjük le a serpenyőt, és lassú tűzön főzzük 20-25 percig, miközben a fürjet egyszer-kétszer megfordítjuk, amíg a madarak meg nem főnek.

d) Emelje ki a fürjet a serpenyőből egy tálra, és tartsa melegen. Ha a folyadék nem túl sűrű, tegyük vissza közepes lángra, és pároljuk pár percig, hogy a szósz állaga jó legyen. A szószt a fürjre kanalazzuk, és ha használjuk, díszítsük korianderrel és petrezselyemmel.

60.Buggyantott csirke freekeh-vel

ÖSSZETEVŐK:

- 1 kis szabadtartású csirke, körülbelül 3¼ font / 1,5 kg
- 2 hosszú fahéjrúd
- 2 közepes sárgarépa, meghámozva és 2 cm vastag szeletekre vágva
- 2 babérlevél
- 2 csokor lapos levelű petrezselyem (összesen kb. 2½ uncia / 70 g)
- 2 nagy hagyma
- 2 evőkanál olívaolaj
- 2 csésze / 300 g repesztett freekeh
- ½ teáskanál őrölt szegfűbors
- ½ teáskanál őrölt koriander
- 2½ evőkanál / 40 g sótlan vaj
- ⅔ csésze / 60 g szeletelt mandula
- sót és frissen őrölt fekete borsot

UTASÍTÁS:

a) Helyezze a csirkét egy nagy fazékba, a fahéjjal, sárgarépával, babérlevéllel, 1 csokor petrezselyemmel és 1 teáskanál sóval együtt. 1 hagymát negyedeljünk és adjuk hozzá az edényhez. Adjunk hozzá hideg vizet, hogy majdnem ellepje a csirkét; felforraljuk, és lefedve pároljuk 1 órán át, időnként lefölözve az olajat és a habot a felületről.

b) Körülbelül a csirke főzésének felénél szeleteljük fel vékonyan a második hagymát, és tegyük egy közepes serpenyőbe az olívaolajjal. Közepes-alacsony lángon 12-15 percig pirítjuk, amíg a hagyma aranybarna és puha nem lesz. Adjuk hozzá a freekeh-t, a szegfűborsot, a koriandert, a ½ teáskanál sót és egy kis fekete borsot. Jól keverje össze, majd adjon hozzá 2½ csésze / 600 ml csirkehúslevest. Vegyük fel a hőt közepesen magasra. Amint felforr a húsleves, fedjük le az edényt, és csökkentsük a hőt. Óvatosan pároljuk 20 percig, majd vegyük le a tűzről és hagyjuk még 20 percig lefedve.

c) Távolítsa el a leveleket a megmaradt petrezselyemcsokorból, és ne túl apróra vágja. Adjuk hozzá az apróra vágott petrezselyem nagy részét a főtt freekehhez, villával keverjük össze.

d) A csirkét kiemeljük a léből, és vágódeszkára helyezzük. Óvatosan vágja le a melleket, és ferdén szeletelje fel vékonyan; távolítsa el a húst a lábakról és a combokról. Tartsa melegen a csirkét és a freekeh-t.
e) Tálaláskor tegyük a vajat, a mandulát és egy kis sót egy kis serpenyőbe, és süssük aranybarnára. Kanalazza a freekeh-t az egyes tálalóedényekre vagy egy tálra. A tetejére rátesszük a comb- és combhúst, majd szépen elrendezzük rajta a mellszeleteket. A mandulával és a vajjal, valamint egy pici petrezselyemmel fejezzük be.

61.Csirke hagymával és kardamom rizzsel

ÖSSZETEVŐK:
- 3 evőkanál / 40 g cukor
- 3 evőkanál / 40 ml víz
- 2½ evőkanál / 25 g borbolya (vagy ribizli)
- 4 evőkanál olívaolaj
- 2 közepes hagyma, vékonyra szeletelve (2 csésze / összesen 250 g)
- 2¼ font / 1 kg bőrös, csontos csirkecomb vagy 1 egész csirke negyedelve
- 10 db kardamom hüvely
- lekerekített ¼ tk egész szegfűszeg
- 2 hosszú fahéjrúd, ketté törve
- 1⅔ csésze / 300 g basmati rizs
- 2¼ csésze / 550 ml forrásban lévő víz
- 1½ evőkanál / 5 g lapos levelű petrezselyemlevél apróra vágva
- ½ csésze / 5 g kaporlevél, apróra vágva
- ¼ csésze / 5 g korianderlevél, apróra vágva
- ⅓ csésze / 100 g görög joghurt, 2 evőkanál olívaolajjal elkeverve (opcionális)
- sót és frissen őrölt fekete borsot

UTASÍTÁS:
a) A cukrot és a vizet egy kis lábasba tesszük, és addig melegítjük, amíg a cukor fel nem oldódik. Lehúzzuk a tűzről, hozzáadjuk a borbolát, és félretesszük ázni. Ha ribizlit használ, nem kell ilyen módon áztatnia.

b) Közben egy nagy serpenyőben, amelyhez fedő van, közepes lángon felforrósítjuk az olívaolaj felét, hozzáadjuk a hagymát, és 10-15 percig főzzük, időnként megkeverve, amíg a hagyma mélyen aranybarna nem lesz. Tegye át a hagymát egy kis tálba, és törölje tisztára a serpenyőt.

c) Helyezze a csirkét egy nagy keverőtálba, és ízesítse 1½ teáskanál sóval és fekete borssal. Adjuk hozzá a maradék olívaolajat, a kardamomot, a szegfűszeget és a fahéjat, majd kézzel keverjük jól össze az egészet. Ismét felmelegítjük a serpenyőt, és beletesszük a csirkét és a fűszereket.

d) Mindkét oldalát 5 percig pirítjuk, majd kivesszük a serpenyőből (ez azért fontos, mert részben megsül a csirke). A fűszerek a serpenyőben maradhatnak, de ne aggódj, ha ráragadnak a csirkére.
e) Távolítsa el a maradék olaj nagy részét is, csak egy vékony filmet hagyjon az alján. Adjuk hozzá a rizst, a karamellizált hagymát, 1 teáskanál sót és sok fekete borsot. A borbolát lecsepegtetjük, és azt is hozzáadjuk. Jól összekeverjük, és a megsült csirkét visszatesszük a serpenyőbe, belenyomva a rizsbe.
f) Öntsük a forrásban lévő vizet a rizsre és a csirkére, fedjük le a serpenyőt, és nagyon alacsony lángon főzzük 30 percig. Vegyük le a serpenyőt a tűzről, vegyük le a fedőt, gyorsan helyezzünk egy tiszta konyharuhát a serpenyőre, és ismét zárjuk le a fedővel. Hagyja az edényt zavartalanul további 10 percig. Végül adjuk hozzá a fűszernövényeket, és villával keverjük össze őket, és habosítsuk fel a rizst. Kóstoljuk meg, és ha szükséges, sózzuk, borsozzuk még. Ízlés szerint melegen vagy joghurttal tálaljuk.

62.Marhahúsgombóc Fava babbal és citrommal

ÖSSZETEVŐK:

- 4½ evőkanál olívaolaj
- 2⅓ csésze / 350 g fava bab, frissen vagy fagyasztva
- 4 egész kakukkfű gally
- 6 gerezd fokhagyma, szeletelve
- 8 zöldhagyma, ferdén ¾ hüvelykes / 2 cm-es szeletekre vágva
- 2½ evőkanál frissen facsart citromlé
- 2 csésze / 500 ml csirke alaplé
- sót és frissen őrölt fekete borsot
- 1½ teáskanál apróra vágott lapos petrezselyem, menta, kapor és koriander a befejezéshez

HÚSGOLYÓK

- 10 oz / 300 g darált marhahús
- 5 uncia / 150 g darált bárányhús
- 1 közepes hagyma, apróra vágva
- 1 csésze / 120 g zsemlemorzsa
- 2 evőkanál apróra vágott lapos petrezselyem, menta, kapor és koriander
- 2 nagy gerezd fokhagyma, összetörve
- 4 tk baharat fűszerkeverék (bolti, vagy lásd a receptet)
- 4 tk őrölt kömény
- 2 tk kapribogyó, apróra vágva
- 1 tojás, felvert

UTASÍTÁS:

a) Helyezze a húsgombóc összes hozzávalóját egy nagy keverőtálba. Adjunk hozzá ¾ teáskanál sót és sok fekete borsot, és jól keverjük össze kézzel. Körülbelül akkora golyókat formázunk, mint a ping-pong labdákat. Melegíts fel 1 evőkanál olívaolajat közepes lángon egy extra nagy serpenyőben, amelyhez fedő van. Süssük meg a húsgombócok felét, és fordítsuk meg őket, amíg barna nem lesz, körülbelül 5 perc alatt. Vegyük ki, adjunk hozzá még 1½ teáskanál olívaolajat a serpenyőbe, és főzzük meg a másik adag húsgombócokat. Vegye ki a serpenyőből és törölje le.

b) Amíg a húsgombóc sül, a fava babot bő, sós forrásban lévő vízben edénybe dobjuk, és 2 percig blansírozzuk. Leszűrjük és hideg víz alatt felfrissítjük. Távolítsa el a héját a fél fava babról, és dobja ki a héját.

c) A maradék 3 evőkanál olívaolajat melegítsd fel közepes lángon ugyanabban a serpenyőben, amelyben a húsgombócokat sütötted. Adjuk hozzá a kakukkfüvet, a fokhagymát és a zöldhagymát, és pirítsuk 3 percig. Adjuk hozzá a hámozatlan fava babot, 1½ evőkanál citromlevet, ⅓ csésze / 80 ml alaplét, ¼ teáskanál sót és sok fekete borsot. A babot majdnem be kell fedni a folyadékkal. Fedjük le a serpenyőt, és lassú tűzön főzzük 10 percig.

d) Tegye vissza a húsgombócokat a serpenyőbe a fava babot tartva. Adjuk hozzá a maradék alaplét, fedjük le a serpenyőt, és lassú tűzön pároljuk 25 percig. Kóstoljuk meg a szószt, és állítsuk be a fűszerezést. Ha nagyon folyós, vegyük le a fedőt és csökkentsük egy kicsit. Ha a húsgombócok abbahagyják a főzést, sok levet felszívnak, ezért ügyeljen arra, hogy ezen a ponton legyen még bőven szósz. A húsgombócokat most a tűzről levéve hagyhatod tálalásig.

e) Közvetlenül tálalás előtt melegítse fel a húsgombócokat, és ha szükséges, adjon hozzá egy kevés vizet, hogy elegendő szószt kapjon. Adjuk hozzá a maradék fűszernövényeket, a maradék 1 evőkanál citromlevet és a meghámozott fava babot, és nagyon óvatosan keverjük össze. Azonnal tálaljuk.

63. Bárányhúsgombóc borbolával, joghurttal és fűszernövényekkel

ÖSSZETEVŐK:

- 1⅔ font / 750 g darált bárányhús
- 2 közepes hagyma, apróra vágva
- ⅔ oz / 20 g lapos petrezselyem, finomra vágva
- 3 gerezd fokhagyma, összetörve
- ¾ teáskanál őrölt szegfűbors
- ¾ tk őrölt fahéj
- 6 evőkanál / 60 g borbolya
- 1 nagy szabadtartású tojás
- 6½ evőkanál / 100 ml napraforgóolaj
- 1½ font / 700 g banán vagy más nagy mogyoróhagyma, meghámozva
- ¾ csésze plusz 2 evőkanál / 200 ml fehérbor
- 2 csésze / 500 ml csirke alaplé
- 2 babérlevél
- 2 szál kakukkfű
- 2 tk cukor
- 5 uncia / 150 g szárított füge
- 1 csésze / 200 g görög joghurt
- 3 evőkanál menta, koriander, kapor és tárkony kevert, durvára tépve
- sót és frissen őrölt fekete borsot

UTASÍTÁS:

a) Helyezze a bárányhúst, a hagymát, a petrezselymet, a fokhagymát, a szegfűborsot, a fahéjat, a borbolát, a tojást, 1 teáskanál sót és ½ teáskanál fekete borsot egy nagy tálba. Keverjük össze a kezünkkel, majd forgassuk golflabda méretű labdákká.

b) Az olaj egyharmadát közepes lángon felforrósítjuk egy nagy, vastag aljú edényben, amelyhez szorosan zárható fedő van. Tegyünk bele néhány húsgombócot, és főzzük, és forgassuk meg néhány percig, amíg mindenhol elszíneződik. Kivesszük az edényből és félretesszük. A maradék fasírtokat ugyanígy megfőzzük.

c) Törölje tisztára az edényt, és adja hozzá a maradék olajat. Adjuk hozzá a medvehagymát, és főzzük közepes lángon 10 percig, gyakran kevergetve, amíg aranybarna nem lesz. Adjuk hozzá a bort, hagyjuk buborékolni egy-két percig, majd adjuk hozzá a csirkehúslevet, a babérlevelet, a kakukkfüvet, a cukrot és egy kis sót és borsot. Rendezzük el a fügét és a húsgombócokat a medvehagyma közé és a tetejére; a húsgombócokat majdnem el kell fedni a folyadékkal. Forraljuk fel, fedjük le, csökkentsük a hőt nagyon alacsonyra, és hagyjuk párolni 30 percig. Vegyük le a fedőt, és pároljuk még körülbelül egy órán át, amíg a szósz lecsökken, és íze felerősödik. Kóstoljuk meg, sózzuk, borsozzuk, ha szükséges.

d) Tegyük át egy nagy, mély tálba. A joghurtot felverjük, a tetejére öntjük, és megszórjuk a fűszernövényekkel.

64.Polpettone

ÖSSZETEVŐK:
- 3 nagy szabadtartású tojás
- 1 evőkanál apróra vágott lapos petrezselyem
- 2 tk olívaolaj
- 1 font / 500 g darált marhahús
- 1 csésze / 100 g zsemlemorzsa
- ½ csésze / 60 g sózatlan pisztácia
- ½ csésze / 80 g uborka (3 vagy 4), ⅜ hüvelykes / 1 cm-es darabokra vágva
- 200 g főtt marhanyelv (vagy sonka), vékonyra szeletelve
- 1 nagy sárgarépa, kockákra vágva
- 2 zellerszár, kockákra vágva
- 1 szál kakukkfű
- 2 babérlevél
- ½ hagyma, szeletelve
- 1 tk csirkealaplé
- forrásban lévő víz, főzni
- sót és frissen őrölt fekete borsot

SALSINA VERDE
- 2 uncia / 50 g lapos levelű petrezselyem ágak
- 1 gerezd fokhagyma, összetörve
- 1 evőkanál kapribogyó
- 1 evőkanál frissen facsart citromlé
- 1 evőkanál fehérborecet
- 1 nagy szabadtartású tojás keményre főzve és meghámozva
- ⅔ csésze / 150 ml olívaolaj
- 3 evőkanál zsemlemorzsa, lehetőleg frissen
- sót és frissen őrölt fekete borsot

UTASÍTÁS:
a) Kezdje egy lapos omlett elkészítésével. Keverjünk össze 2 tojást, az apróra vágott petrezselymet és egy csipet sót. Melegítsük fel az olívaolajat egy nagy serpenyőben (kb. 28 cm átmérőjű) közepes lángon, és öntsük bele a tojásokat. 2-3 percig keverés nélkül főzzük, amíg a tojás vékony omlettet nem kap. Tedd félre kihűlni.

b) Egy nagy tálban keverjük össze a marhahúst, a zsemlemorzsát, a pisztáciát, az uborkát, a maradék tojást, 1 teáskanál sót és ½ teáskanál borsot. Helyezzen egy nagy tiszta konyharuhát (használjon egy régit, amitől nem bánja, ha meg akarja szabadulni; a tisztítása enyhe veszélyt jelent) a munkafelületére. Most vegye ki a húskeveréket, és terítse rá a törülközőre, és kézzel formázzon belőle téglalap alakú, 1 cm vastag és nagyjából 30 x 25 cm méretű korongot. Tartsa tisztán a kendő széleit.

c) Fedje le a húst a nyelvszeletekkel, és hagyjon 2 cm-t a szélén. Vágja az omlettet 4 széles csíkra, és egyenletesen terítse el a nyelven.

d) Emelje fel a ruhát, hogy az egyik széles oldaláról elkezdhesse befelé görgetni a húst. Folytassa a hús nagy kolbászformába forgatását, a törülköző segítségével. A végén egy feszes, zselés tekercsszerű cipót szeretne, kívül a darált marhahússal, a közepén pedig az omletttel. Fedjük le a cipót egy törülközővel, jól tekerjük be, hogy jól zárjon. Kösse meg a végét zsinórral, és dugja be a felesleges ruhát a rönk alá, így szorosan összekötött köteget kap.

e) Helyezze a köteget egy nagy serpenyőbe vagy holland sütőbe. A sárgarépát, a zellert, a kakukkfüvet, a babot, a hagymát és az alaplevet a cipóra dobjuk, és forrásban lévő vízzel felöntjük, hogy majdnem ellepje. Fedjük le az edényt fedővel, és hagyjuk 2 órán át főni.

f) Vegyük ki a cipót a serpenyőből, és tegyük félre, hogy a folyadék egy része lefolyjon (az orvvadászlét remek levesalap lesz). Körülbelül 30 perc elteltével tegyen valami nehéz dolgot a tetejére, hogy több levet távolítson el. Amikor elérte a szobahőmérsékletet, 3-4 órára tedd a hűtőbe, még mindig ruhával letakarva, hogy alaposan lehűljön.

g) A szószhoz az összes hozzávalót robotgépbe tesszük, és durva állagúra pörgetjük (vagy a rusztikus megjelenés érdekében kézzel aprítsuk fel a petrezselymet, a kapribogyót és a tojást, és keverjük össze a többi hozzávalóval). Kóstoljuk meg és állítsuk be a fűszerezést.

h) Tálaláshoz vegye le a cipót a törülközőről, vágja 1 cm vastag szeletekre, és rétegezze egy tálra. A szószt az oldalára tálaljuk.

65. Bárány shawarma

ÖSSZETEVŐK:

- 2 tk fekete bors
- 5 egész szegfűszeg
- ½ teáskanál kardamom hüvely
- ¼ tk görögszéna mag
- 1 tk édesköménymag
- 1 evőkanál köménymag
- 1 csillagánizs
- ½ fahéjrúd
- ½ egész szerecsendió, lereszelve
- ¼ tk őrölt gyömbér
- 1 evőkanál édes paprika
- 1 evőkanál szömörce
- 2½ teáskanál Maldon tengeri só
- 1 uncia / 25 g friss gyömbér, reszelve
- 3 gerezd fokhagyma, összetörve
- ⅔ csésze / 40 g apróra vágott koriander, szárak és levelek
- ¼ csésze / 60 ml frissen facsart citromlé
- ½ csésze / 120 ml mogyoróolaj
- 1 csontos báránycomb, körülbelül 5½-6½ font / 2,5-3 kg
- 1 csésze / 240 ml forrásban lévő víz

UTASÍTÁS:

a) Tegye az első 8 hozzávalót egy öntöttvas serpenyőbe, és közepesen magas hőfokon szárazon pirítsa egy-két percig, amíg a fűszerek elkezdenek pattogni, és felszabadítják az aromáikat. Ügyeljen arra, hogy ne égesse meg őket. Adjuk hozzá a szerecsendiót, a gyömbért és a paprikát, dobjuk még néhány másodpercig, hogy felforrósítsák, majd tegyük át egy fűszerdarálóba. A fűszereket egynemű porrá dolgozzuk. Tegyük át egy közepes tálba, és keverjük hozzá az összes többi hozzávalót, kivéve a bárányhúst.

b) Kis, éles késsel vágja be a báránycombot néhány helyen, 1,5 cm mély réseket vágva a zsíron és a húson, hogy a pác beszivárogjon. Tegye egy nagy serpenyőbe, és dörzsölje be a páccal. a bárány; kézzel masszírozza jól a húst. Fedjük le a serpenyőt alufóliával, és hagyjuk félre legalább néhány órára, vagy lehetőleg egy éjszakán át hűtsük le.

c) Melegítsük elő a sütőt 325°F / 170°C-ra.
d) Tegye be a bárányt a sütőbe zsíros oldalával felfelé, és süsse összesen körülbelül 4 és fél órán keresztül, amíg a hús teljesen megpuhul.
e) 30 perc sütés után öntsük a forrásban lévő vizet a serpenyőbe, és ezzel a folyadékkal kb. óránként kenjük meg a húst.
f) Adjon hozzá még vizet, ha szükséges, ügyelve arra, hogy mindig körülbelül 0,5 cm legyen a serpenyő alján. Az utolsó 3 órában a bárányt letakarjuk alufóliával, nehogy a fűszerek megégjenek. Ha elkészült, vegyük ki a bárányt a sütőből, és hagyjuk 10 percig pihenni, mielőtt faragnánk és tálalnánk.
g) Vegyen elő hat különálló pita zsebet, és kenje meg őket bőségesen ⅔ csésze / 120 g apróra vágott paradicsomkonzerv, 2 teáskanál / 20 g harissa paszta, 4 teáskanál / 20 g paradicsompüré, 1 evőkanál olívaolaj és némi só keverésével. és borsot. Ha kész a bárány, melegítsük fel a pitákat egy forró serpenyőben, amíg mindkét oldalukon szép szenesnyomokat nem kapnak.
h) Szeletelje fel a meleg bárányt, és vágja a szeleteket 1,5 cm-es csíkokra. Magasra halmozzuk őket minden meleg pitára, kanalazzuk rá a serpenyőben lévő pörkölőfolyadék egy részét, lecsökkentve, és a végén apróra vágott hagymával, apróra vágott petrezselyemmel és egy csipetnyi szumákóval fejezzük be.

66.Lazac steak Chraimeh szószban

ÖSSZETEVŐK:

- ½ csésze / 110 ml napraforgóolaj
- 3 evőkanál univerzális liszt
- 4 lazac steak, körülbelül 1 font / 950 g
- 6 gerezd fokhagyma, durvára vágva
- 2 tk édes paprika
- 1 evőkanál szárazon pirított és frissen őrölt kömény
- 1½ teáskanál őrölt kömény
- lekerekített ¼ tk cayenne bors
- lekerekített ¼ tk őrölt fahéj
- 1 zöld chili durvára vágva
- ⅔ csésze / 150 ml víz
- 3 evőkanál paradicsompüré
- 2 tk szuperfinom cukor
- 1 citrom 4 szeletre vágva, plusz 2 evőkanál frissen facsart citromlé
- 2 evőkanál durvára vágott koriander
- sót és frissen őrölt fekete borsot

UTASÍTÁS:

a) Melegítsünk fel 2 evőkanál napraforgóolajat nagy lángon egy nagy serpenyőben, amelyhez fedő van. A lisztet egy sekély tálba tesszük, sózzuk, borsozzuk, és beledobjuk a halat. Rázzuk le a felesleges lisztet, és süssük egy-két percig mindkét oldalát, amíg aranybarna nem lesz. Távolítsa el a halat, és törölje le a serpenyőt.

b) Tegye a fokhagymát, a fűszereket, a chilit és a 2 evőkanál napraforgóolajat egy konyhai robotgépbe, és forgassa össze sűrű masszává. Lehet, hogy még egy kis olajat kell hozzáadnia, hogy minden összeálljon.

c) A maradék olajat a serpenyőbe öntjük, jól felforrósítjuk, majd hozzáadjuk a fűszerpasztát. Keverjük össze és süssük 30 másodpercig, hogy a fűszerek ne égjenek meg. Gyorsan, de óvatosan (kiköphet!) adjuk hozzá a vizet és a paradicsompürét, hogy a fűszerek ne főjenek. Forraljuk fel, és adjuk hozzá a cukrot, a citromlevet, a ¾ teáskanál sót és egy kis borsot. Kóstoljuk meg a fűszerezéshez.

d) Tegye a halat a szószba, forralja lassú tűzön, fedje le a serpenyőt, és süsse a hal méretétől függően 7-11 percig, amíg éppen kész. A serpenyőt levesszük a tűzről, levesszük a fedőt, és hagyjuk kihűlni. A halat melegen vagy szobahőmérsékleten tálaljuk. Díszítsen minden adagot korianderrel és citromkarikával.

67. Pácolt édes - savanyú hal

ÖSSZETEVŐK:

- 3 evőkanál olívaolaj
- 2 közepes hagyma, 1 cm-es szeletekre vágva (3 csésze / 350 g összesen)
- 1 evőkanál koriandermag
- 2 paprika (1 piros és 1 sárga), hosszában félbevágva, kimagozva, és 1 cm széles csíkokra vágva (3 csésze / összesen 300 g)
- 2 gerezd fokhagyma, összetörve
- 3 babérlevél
- 1½ evőkanál curry por
- 3 paradicsom apróra vágva (2 csésze / 320 g összesen)
- 2½ evőkanál cukor
- 5 evőkanál almaecet
- 1 font / 500 g pollock, tőkehal, laposhal, foltos tőkehal vagy más fehér halfilé, 4 egyenlő részre osztva
- fűszerezett univerzális liszt, porozáshoz
- 2 extra nagy tojás felverve
- ⅓ csésze / 20 g apróra vágott koriander

sót és frissen őrölt fekete borsot

UTASÍTÁS:

a) Melegítse elő a sütőt 375°F / 190°C-ra.
b) Melegítsünk fel 2 evőkanál olívaolajat egy nagy, tűzálló serpenyőben vagy holland sütőben közepes lángon. Hozzáadjuk a hagymát és a koriandermagot, és gyakran kevergetve 5 percig főzzük. Adjuk hozzá a paprikát, és főzzük további 10 percig. Adjuk hozzá a fokhagymát, a babérlevelet, a curryport és a paradicsomot, és főzzük további 8 percig, időnként megkeverve. Adjuk hozzá a cukrot, az ecetet, 1½ teáskanál sót és egy kis fekete borsot, és főzzük tovább további 5 percig.
c) Közben a maradék 1 evőkanál olajat külön serpenyőben közepes-magas lángon felhevítjük. A halat megszórjuk sóval, belemártjuk a lisztbe, majd a tojásba, és kb. 3 percig sütjük, egyszer megforgatva. Tegye át a halat papírtörlőre, hogy felszívja a felesleges olajat, majd tegye a serpenyőbe a paprikával és a hagymával, tolja félre a zöldségeket, hogy a hal a serpenyő alján üljön. Adjon hozzá annyi vizet, hogy a halat (körülbelül 1 csésze / 250 ml) belemerítse a folyadékba.
d) Helyezze a serpenyőt a sütőbe 10-12 percre, amíg a hal megsül. Vegyük ki a sütőből és hagyjuk szobahőmérsékletűre hűlni. A hal most már tálalható, de valójában egy-két nap hűtőben tartás után jobb. Tálalás előtt kóstoljuk meg, sózzuk, borsozzuk, ha szükséges, és díszítsük korianderrel.

KÖRET ÉS SALÁTA

68.Batata Harra (fűszeres libanoni burgonya)

ÖSSZETEVŐK:

4 nagy burgonya, meghámozva és kis kockákra vágva
1/4 csésze olívaolaj
5 gerezd fokhagyma, felaprítva
1 teáskanál őrölt koriander
1 teáskanál őrölt kömény
1 teáskanál paprika
1/2 teáskanál cayenne bors (ízlés szerint igazítsd)
Só ízlés szerint
Friss koriander vagy petrezselyem apróra vágva (díszítéshez)
Citromszeletek (a tálaláshoz)

UTASÍTÁS:

A burgonyakockákat tedd egy fazék sós vízbe, és forrald fel.
Körülbelül 5-7 percig főzzük a burgonyát, amíg kissé megpuhul, de nem teljesen megfő.
A burgonyát leszűrjük, és félretesszük.
Egy nagy serpenyőben vagy serpenyőben hevítsünk olívaolajat közepes lángon.
Adjuk hozzá a darált fokhagymát, és pároljuk egy percig, amíg illatos lesz.
Adjunk hozzá őrölt koriandert, őrölt köményt, paprikát, cayenne borsot és sót a serpenyőbe. Jól keverjük össze, hogy a fűszerek a fokhagymával és az olajjal keveredjenek.
Tegye a megfőzött burgonyakockákat a serpenyőbe, és dobja fel, hogy egyenletesen bevonja a fűszerkeveréket.
Főzzük a burgonyát körülbelül 15-20 percig, vagy amíg aranybarnák nem lesznek, és ropogós a széle.
Ha a burgonya megfőtt, díszítse apróra vágott friss korianderrel vagy petrezselyemmel.
Forrón, citromkarikákkal az oldalára tálaljuk, hogy a burgonyára facsarjuk.
A Batata Harrát fokhagymás szósszal (toum) tálalhatja, hogy extra ízt adjon.

69. Felfordított padlizsán

ÖSSZETEVŐK:

- 1 kg padlizsán
- Csipet só
- 2 csésze növényi olaj
- Csipetnyi paprika
- 3 csésze Víz
- Csipet fahéj por
- 300 g darált marhahús
- 1 1/2 csésze rizs (mosott és lecsepegtetett)
- 2 evőkanál pörkölt fenyőmag

UTASÍTÁS:

a) Vágja a padlizsánt 12 kerek vékony szeletre, majd áztassa vízbe egy tálban 10 percig. Áztatás után távolítsa el a padlizsánszeleteket, és törölje szárazra.
b) Az olajat felforrósítjuk, és adagonként hozzáadjuk a padlizsánt. A padlizsánt mindkét oldalát megsütjük.
c) Konyhai papírra tesszük lecsepegni, és félretesszük.
d) Egy másik serpenyőben kevés olajon megpirítjuk a fenyőmagot.
e) Helyezzük a húst egy tapadásmentes serpenyőbe, folyamatosan keverjük a tűzön, amíg megbarnul.
f) Adjuk hozzá a fűszereket és a sót a húshoz, és jól keverjük össze.
g) Egy serpenyőbe tegyünk padlizsánszeleteket, majd tegyük bele a nyers rizst másfél csésze vízzel, kevés sóval és ghí-vel. Fedjük le, amíg a rizs meg nem fő.
h) Egy mélyedénybe tedd a fenyőmagot, majd a húst, majd a padlizsánt, majd a rizst. Helyezzen egy lapos tányért a tetejére, és fordítsa meg az edényt.

70.Sült karfiol és mogyoró saláta

ÖSSZETEVŐK:
- 1 fej karfiol kis virágokra törve (1½ font / 660 g összesen)
- 5 evőkanál olívaolaj
- 1 nagy zellerszár, ferdén ¼ hüvelykes / 0,5 cm-es szeletekre vágva (⅔ csésze / összesen 70 g)
- 5 evőkanál / 30 g mogyoró, héjjal
- ⅓ csésze / 10 g kis lapos levelű petrezselyemlevél, leszedve
- ⅓ csésze / 50 g gránátalma mag (kb. ½ közepes gránátalmából)
- bőséges ¼ tk őrölt fahéj
- bőséges ¼ teáskanál őrölt szegfűbors
- 1 evőkanál sherry ecet
- 1½ teáskanál juharszirup
- sót és frissen őrölt fekete borsot

UTASÍTÁS:
a) Melegítsük elő a sütőt 425°F / 220°C-ra.
b) Keverje össze a karfiolt 3 evőkanál olívaolajjal, ½ teáskanál sóval és némi fekete borssal. Nyújtsuk ki egy serpenyőben, és süssük a sütő felső rácsán 25-35 percig, amíg a karfiol ropogós lesz, és egy része aranybarna nem lesz. Tegyük át egy nagy keverőtálba, és tegyük félre kihűlni.
c) Csökkentse a sütő hőmérsékletét 325°F / 170°C-ra. Sütőpapírral bélelt tepsire terítjük a mogyorót, és 17 percig sütjük.
d) Hagyjuk kicsit hűlni a diót, majd durvára vágjuk, és a maradék olajjal és a többi hozzávalóval együtt a karfiolhoz adjuk. Keverjük össze, kóstoljuk meg, és ennek megfelelően ízesítsük sóval, borssal. Szobahőmérsékleten tálaljuk.

71.Fricassee saláta

ÖSSZETEVŐK:

- 4 szál rozmaring
- 4 babérlevél
- 3 evőkanál fekete bors
- körülbelül 1⅔ csésze / 400 ml extra szűz olívaolaj
- 10½ oz / 300 g tonhal steak, egy vagy két darabban
- 1⅓ lb / 600 g Yukon Gold burgonya, meghámozva és 2 cm-es darabokra vágva
- ½ teáskanál őrölt kurkuma
- 5 szardella filé durvára vágva
- 3 evőkanál harissa paszta (bolti vagy lásd a receptet)
- 4 evőkanál kapribogyó
- 2 tk finomra vágott tartósított citromhéj, (bolti, vagy lásd a receptet)
- ½ csésze / 60 g fekete olajbogyó, kimagozva és félbevágva
- 2 evőkanál frissen facsart citromlé
- 140 g tartósított piquillo paprika (kb. 5 paprika), durva csíkokra tépve
- 4 nagy tojás keményre főzve, meghámozva és negyedelve
- 2 bébi gyöngysaláta (összesen kb. 5 uncia / 140 g), levelei szétválasztva és tépve
- ⅔ oz / 20 g lapos levelű petrezselyem, levelei leszedve és tépve
- só

UTASÍTÁS:

a) A tonhal elkészítéséhez tegye a rozmaringot, a babérlevelet és a borsot egy kis serpenyőbe, és öntse hozzá az olívaolajat. Melegítse fel az olajat közvetlenül a forráspont alá, amikor apró buborékok kezdenek megjelenni. Óvatosan adjuk hozzá a tonhalat (a tonhalat teljesen le kell fedni; ha nem, hevíts fel még olajat, és öntsd a serpenyőbe). Vegyük le a tűzről, és hagyjuk félre pár órát, fedő nélkül, majd fedjük le a serpenyőt és tegyük hűtőbe legalább 24 órára.

b) Főzzük a burgonyát a kurkumával bő sós, forrásban lévő vízben 10-12 percig, amíg meg nem fő. Óvatosan csepegtessük le, ügyelve arra, hogy a kurkuma víz ne folyjon ki (a foltokat fájdalmas eltávolítani!), és helyezzük egy nagy keverőtálba. Amíg a burgonya még forró, adjuk hozzá a szardella, harissa, kapribogyó, tartósított citrom, olajbogyó, 6 evőkanál / 90 ml tonhal tartósító olaj és néhány szem bors az olajból. Óvatosan keverjük össze és hagyjuk kihűlni.

c) A maradék olajból kiemeljük a tonhalat, falatnyi kockákra vágjuk, és a salátához adjuk. Adjuk hozzá a citromlevet, a paprikát, a tojást, a salátát és a petrezselymet. Óvatosan átforgatjuk, megkóstoljuk, sózzuk, ha kell, esetleg még olajat, majd tálaljuk.

72. Sáfrányos csirke és gyógynövény saláta

ÖSSZETEVŐK:
- 1 narancs
- 2½ evőkanál / 50 g méz
- ½ teáskanál sáfrány szál
- 1 evőkanál fehérborecet
- 1¼ csésze / körülbelül 300 ml víz
- 2¼ font / 1 kg bőr nélküli, csont nélküli csirkemell
- 4 evőkanál olívaolaj
- 2 kis édesköményhagyma, vékonyra szeletelve
- 1 csésze / 15 g szedett korianderlevél
- ⅔ csésze / 15 g szedett bazsalikomlevél, tépve
- 15 szedett mentalevél, tépve
- 2 evőkanál frissen facsart citromlé
- 1 piros chili, vékonyra szeletelve
- 1 gerezd fokhagyma, összetörve
- sót és frissen őrölt fekete borsot

UTASÍTÁS:

a) Melegítse elő a sütőt 400°F / 200°C-ra. Vágja le és dobja el 1 cm-rel a narancs tetejétől és farkától, és vágja 12 szeletre, a bőrt megtartva. Távolítson el minden magot.
b) Helyezze a szeleteket egy kis serpenyőbe a mézzel, sáfránnyal, ecettel és annyi vízzel, hogy ellepje a narancskarikákat. Forraljuk fel, és lassú tűzön főzzük körülbelül egy órán át. A végén maradjon puha narancs és körülbelül 3 evőkanál sűrű szirup; a főzés közben adjunk hozzá vizet, ha a folyadék nagyon kevés lesz. Használjon konyhai robotgépet, hogy a narancsot és a szirupot sima, folyós masszává verje; ismét adjunk hozzá egy kevés vizet, ha szükséges.
c) Keverjük össze a csirkemellet az olívaolaj felével és bő sóval, borssal, és tegyük egy nagyon forró serpenyőre. Körülbelül 2 percig pirítsuk mindkét oldalon, hogy tiszta elszenesedés nyomokat kapjon. Tegyük át egy tepsibe, és tegyük a sütőbe 15-20 percre, amíg meg nem fő.
d) Ha a csirke kellően hűvös ahhoz, hogy kezelni tudja, de még meleg, tépje fel kézzel durva, meglehetősen nagy darabokra. Tegyük egy nagy keverőtálba, öntsük rá a narancspép felét, és jól keverjük össze. (A másik felét néhány napig hűtőszekrényben tárolhatja. Jó kiegészítője lehet a gyógynövényes salsának, ha olajos halakhoz, például makrélához vagy lazachoz tálalja.) Adja hozzá a többi hozzávalót a salátához, beleértve a többi hozzávalót is. olívaolajat, és óvatosan összeforgatjuk. Kóstoljuk meg, sózzuk, borsozzuk, és ha szükséges, még olívaolajat és citromlevet adunk hozzá.

73.Gyökérzöldség saláta labneh-vel

ÖSSZETEVŐK:
- 3 közepes cékla (1 font / 450 g összesen)
- 2 közepes sárgarépa (összesen 9 uncia / 250 g)
- ½ zeller gyökér (összesen 10 uncia / 300 g)
- 1 közepes karalábé (összesen 250 g)
- 4 evőkanál frissen facsart citromlé
- 4 evőkanál olívaolaj
- 3 evőkanál sherry ecet
- 2 tk szuperfinom cukor
- ¾ csésze / 25 g korianderlevél, durvára vágva
- ¾ csésze / 25 g mentalevél, aprítva
- ⅔ csésze / 20 g lapos levelű petrezselyemlevél, durvára vágva
- ½ evőkanál reszelt citromhéj
- 1 csésze / 200 g labneh (bolti, vagy lásd a receptet)
- sót és frissen őrölt fekete borsot
- Hámozza meg az összes zöldséget, és szeletelje fel vékonyra, körülbelül 1/16 kis forró chili, finomra vágva

UTASÍTÁS:
a) Helyezze a citromlevet, az olívaolajat, az ecetet, a cukrot és az 1 teáskanál sót egy kis serpenyőbe. Lassú tűzön forraljuk, és addig keverjük, amíg a cukor és a só fel nem oldódik. Levesszük a tűzről.

b) A zöldségcsíkokat leszűrjük, és papírtörlőre tesszük, hogy jól megszáradjon. Szárítsa meg a tálat, és cserélje ki a zöldségeket. A forró öntetet a zöldségekre öntjük, jól összekeverjük, és hagyjuk kihűlni. Hűtőbe tesszük legalább 45 percre.

c) Tálaláskor adjuk hozzá a fűszernövényeket, a citromhéjat és 1 teáskanál fekete borsot a salátához. Jól összeforgatjuk, megkóstoljuk, és ha szükséges, még sózzuk. Halmozzuk a tálaló tányérokra, és tálaljuk némi labneh-vel az oldalára.

74. Tabbouleh

ÖSSZETEVŐK:
- 1 csésze bulgur búza
- 2 csésze forrásban lévő víz
- 3 csésze friss petrezselyem, finomra vágva
- 1 csésze friss menta, finomra vágva
- 4 paradicsom apróra vágva
- 1 uborka, apróra vágva
- 1/2 vöröshagyma, apróra vágva
- 1/4 csésze olívaolaj
- 2 citrom leve
- Só és bors ízlés szerint

UTASÍTÁS:
a) Tegyük a bulgurt egy tálba, és öntsünk rá forrásban lévő vizet. Fedjük le és hagyjuk állni körülbelül 20 percig, vagy amíg a víz felszívódik.
b) A bulgurt villával megforgatjuk, és hagyjuk kihűlni.
c) Egy nagy tálban keverjük össze az apróra vágott petrezselymet, mentát, paradicsomot, uborkát és lilahagymát.
d) A kihűlt bulgurt hozzáadjuk a zöldségekhez.
e) Egy kis tálban keverjük össze az olívaolajat, a citromlevet, a sót és a borsot. Öntsük a salátára, és keverjük össze.
f) Ízlés szerint fűszerezzük, és tálalás előtt hűtőbe tesszük.

75.Vegyes bab saláta

ÖSSZETEVŐK:

- 10 uncia / 280 g sárgabab, vágva (ha nem áll rendelkezésre, a zöldbab mennyiségének duplája)
- 10 uncia / 280 g zöldbab, vágva
- 2 pirospaprika 0,5 cm-es csíkokra vágva
- 3 evőkanál olívaolaj, plusz 1 tk a paprikához
- 3 gerezd fokhagyma, vékonyra szeletelve
- 6 evőkanál / 50 g kapribogyó, leöblítve és szárazra törölve
- 1 tk köménymag
- 2 tk koriandermag
- 4 zöldhagyma, vékonyra szeletelve
- ⅓ csésze / 10 g tárkony, durvára vágva
- ⅔ csésze / 20 g szedett cseresznyelevél (vagy leszedett kapor és aprított petrezselyem keveréke)
- 1 citrom reszelt héja
- sót és frissen őrölt fekete borsot

UTASÍTÁS:

a) Melegítsük elő a sütőt 450°F / 220°C-ra.
b) Egy nagy serpenyőt bő vízzel felforralunk, és hozzáadjuk a sárgababot. 1 perc elteltével adjuk hozzá a zöldbabot, és főzzük további 4 percig, vagy amíg a bab meg nem fő, de még ropogós. Jéghideg víz alatt felfrissítjük, lecsepegtetjük, szárítjuk, és egy nagy keverőtálba tesszük.
c) Közben a paprikát 1 teáskanál olajba dobjuk, tepsire terítjük, és 5 percre a sütőbe tesszük, vagy amíg megpuhul. Vegyük ki a sütőből, és tegyük a tálba a megfőtt babbal.
d) Egy kis serpenyőben felforrósítjuk a 3 evőkanál olívaolajat. Adjuk hozzá a fokhagymát és főzzük 20 másodpercig; hozzáadjuk a kapribogyót (vigyázat, kiköpnek!) és további 15 másodpercig pirítjuk.
e) Hozzáadjuk a köményt és a koriandermagot, és további 15 másodpercig sütjük. A fokhagymának már aranyszínűnek kellett volna lennie. Levesszük a tűzről, és a serpenyő tartalmát azonnal a babra öntjük. Dobjuk fel és adjuk hozzá a zöldhagymát, a fűszernövényeket, a citromhéjat, egy bő ¼ teáskanál sót és a fekete borsot.
f) Tálaljuk, vagy akár egy napig hűtőszekrényben tároljuk. Ne felejtse el szobahőmérsékletre melegíteni tálalás előtt.

76. Karalábé saláta

ÖSSZETEVŐK:
- 3 közepes karalábé (1⅔ font / 750 g összesen)
- ⅓ csésze / 80 g görög joghurt
- 5 evőkanál / 70 g tejföl
- 3 evőkanál mascarpone sajt
- 1 kis gerezd fokhagyma, összetörve
- 1½ teáskanál frissen facsart citromlé
- 1 evőkanál olívaolaj
- 2 evőkanál finomra aprított friss menta
- 1 tk szárított menta
- kb 12 szál / 20 g bébi vízitorma
- ¼ tk szömörce
- sót és fehér borsot

UTASÍTÁS:
a) Hámozzuk meg a karalábét, vágjuk 1,5 cm-es kockákra, és tegyük egy nagy keverőtálba. Tegyük félre és készítsük el az öntetet.
b) Egy közepes tálba tedd a joghurtot, a tejfölt, a mascarponét, a fokhagymát, a citromlevet és az olívaolajat. Adjunk hozzá ¼ teáskanál sót és egy egészséges őrölt borsot, és keverjük simára. Adjuk hozzá az öntetet a karalábéhoz, majd a friss és szárított mentát és a vízitorma felét.
c) Óvatosan keverjük meg, majd tegyük egy tálra. A tetejére szórjuk a maradék vízitormát, és megszórjuk a szömörcével.

77.Fűszeres csicseriborsó és zöldségsaláta

ÖSSZETEVŐK:

- ½ csésze / 100 g szárított csicseriborsó
- 1 tk szódabikarbóna
- 2 kis uborka (10 uncia / 280 g összesen)
- 2 nagy paradicsom (10½ uncia / 300 g összesen)
- 8½ oz / 240 g retek
- 1 pirospaprika, kimagozva és a bordáit eltávolítva
- 1 kis vöröshagyma, meghámozva
- ⅔ oz / 20 g korianderlevél és szár, durvára vágva
- ½ oz / 15 g lapos petrezselyem, durvára vágva
- 6 evőkanál / 90 ml olívaolaj
- 1 citrom reszelt héja, plusz 2 evőkanál leve
- 1½ evőkanál sherry ecet
- 1 gerezd fokhagyma, összetörve
- 1 tk szuperfinom cukor
- 1 tk őrölt kardamom
- 1½ teáskanál őrölt szegfűbors
- 1 tk őrölt kömény
- görög joghurt (elhagyható)
- sót és frissen őrölt fekete borsot

UTASÍTÁS:

a) Áztassuk be a szárított csicseriborsót egy nagy tálba egy éjszakára bő hideg vízzel és szódabikarbónával. Másnap leszűrjük, egy nagy lábasba tesszük, és felöntjük a csicseriborsó térfogatának kétszeresével. Forraljuk fel, és pároljuk a habot lefölözve körülbelül egy órán keresztül, amíg teljesen megpuhul, majd leszűrjük.

b) Vágja az uborkát, a paradicsomot, a retket és a borsot 1,5 cm-es kockákra; vágja a hagymát 0,5 cm-es kockákra. Egy tálban mindent összekeverünk a korianderrel és a petrezselyemmel.

c) Egy üvegben vagy zárható edényben keverjünk össze 5 evőkanál / 75 ml olívaolajat, a citrom levét és héját, az ecetet, a fokhagymát és a cukrot, és jól keverjük össze öntethez, majd ízlés szerint sózzuk, borsozzuk. Az öntetet a salátára öntjük, és enyhén átforgatjuk.

d) Keverjük össze a kardamomot, a szegfűborsot, a köményt és a ¼ teáskanál sót, és terítsük ki egy tányérra. A főtt csicseriborsót néhány részletben dobjuk bele a fűszerkeverékbe, hogy jól bevonják. A maradék olívaolajat egy serpenyőben közepes lángon felhevítjük, és a csicseriborsót enyhén pirítjuk 2-3 percig, óvatosan rázza meg a serpenyőt, hogy egyenletesen süljön és ne ragadjon. Tartsd melegen.

e) A salátát négy tányérra osztjuk, nagy körben elrendezzük, és a tetejére kanalazzuk a meleg fűszeres csicseriborsót úgy, hogy a saláta széle tiszta maradjon. A tetejére görög joghurtot csorgathatunk, hogy krémes legyen a saláta.

78.Fűszeres répa, póréhagyma és dió saláta

ÖSSZETEVŐK:

- 4 közepes cékla (összesen ½ font / 600 g főzés és hámozás után)
- 4 közepes póréhagyma, 4 hüvelykes / 10 cm-es szeletekre vágva (4 csésze / 360 g összesen)
- ½ oz / 15 g koriander, durvára vágva
- 1¼ csésze / 25 g rukkola
- ⅓ csésze / 50 g gránátalma mag (opcionális)
- ÖLTÖZKÖDÉS
- 1 csésze / 100 g dió, durvára vágva
- 4 gerezd fokhagyma, finomra vágva
- ½ teáskanál chili pehely
- ¼ csésze / 60 ml almaecet
- 2 evőkanál tamarind víz
- ½ teáskanál dióolaj
- 2½ evőkanál mogyoróolaj
- 1 teáskanál só

UTASÍTÁS:
a) Melegítsük elő a sütőt 425°F / 220°C-ra.
b) Csomagolja be egyenként alufóliába a céklát, és süsse a sütőben 1-1,5 órán át, mérettől függően. Miután megsült, egy kis kést könnyen a közepébe kell szúrnia. Kivesszük a sütőből és félretesszük hűlni.
c) Ha már eléggé kihűlt a kezeléshez, hámozzuk meg a céklát, félbevágjuk, és mindegyik felét tövénél 1 cm vastag szeletekre vágjuk. Egy közepes tálba tesszük és félretesszük.
d) Helyezze a póréhagymát egy közepes lábasba, sós vízzel, forralja fel, és párolja 10 percig, amíg éppen meg nem fő; fontos, hogy óvatosan pároljuk, és ne süssük túl, nehogy szétesjenek. Lecsepegtetjük és felfrissítjük hideg víz alatt, majd egy nagyon éles fogazott késsel vágjuk mindegyik szeletet 3 kisebb darabra, és töröljük szárazra. Tegyük át egy tálba, válasszuk el a céklától, és tegyük félre.
e) Amíg a zöldségek sülnek, keverjük össze az öntet hozzávalóit, és hagyjuk állni legalább 10 percig, hogy az összes íz összeérjen.
f) Osszuk el egyenlő arányban a dióöntetet és a koriandert a cékla és a póréhagyma között, és óvatosan dobjuk fel. Kóstoljuk meg mindkettőt, és ha szükséges, adjunk hozzá még sót.
g) A saláta összeállításához terítsd ki a répa nagy részét egy tálra, tedd a tetejére egy kis rukkolát, majd a póréhagyma nagy részét, majd a maradék céklát, és fejezd be további póréhagymával és rukkolával. Ha használjuk, szórjuk rá a gránátalma magokat, és tálaljuk.

79.Vaskos cukkini és paradicsom saláta

ÖSSZETEVŐK:
- 8 halványzöld cukkini vagy normál cukkini (összesen kb. 2¼ font / 1 kg)
- 5 nagy, nagyon érett paradicsom (összesen 1¾ font / 800 g)
- 3 evőkanál olívaolaj, plusz plusz a befejezéshez
- 2½ csésze / 300 g görög joghurt
- 2 gerezd fokhagyma, összetörve
- 2 piros chili kimagozva és apróra vágva
- 1 közepes citrom reszelt héja és 2 evőkanál frissen facsart citrom leve
- 1 evőkanál datolyaszörp, plusz még a befejezéshez
- 2 csésze / 200 g dió, durvára vágva
- 2 evőkanál apróra vágott menta
- ⅔ oz / 20 g lapos petrezselyem, apróra vágva
- sót és frissen őrölt fekete borsot

UTASÍTÁS:
a) Melegítsük elő a sütőt 425°F / 220°C-ra. Helyezzen egy bordázott serpenyőt magas lángra.
b) A cukkinit levágjuk és hosszában kettévágjuk. A paradicsomot is félbevágjuk. A cukkinit és a paradicsomot megkenjük olívaolajjal a vágott oldalát, majd sózzuk, borsozzuk.
c) Mostanra a serpenyőnek forrónak kell lennie. Kezdje a cukkinivel. Tegyünk néhányat a serpenyőre, vágott oldalukkal lefelé, és főzzük 5 percig; a cukkini az egyik oldalán szépen megpiruljon. Most távolítsa el a cukkinit, és ismételje meg ugyanezt a folyamatot a paradicsommal. Tegye a zöldségeket egy serpenyőbe, és tegye a sütőbe körülbelül 20 percre, amíg a cukkini nagyon megpuhul.
d) Vegye ki a serpenyőt a sütőből, és hagyja kissé kihűlni a zöldségeket. Vágjuk durvára, és hagyjuk szűrőedényben 15 percig lecsepegni.
e) Keverje össze a joghurtot, a fokhagymát, a chilit, a citrom héját és levét, valamint a melaszt egy nagy keverőtálban. Adjuk hozzá az apróra vágott zöldségeket, a diót, a mentát és a petrezselyem nagy részét, és jól keverjük össze. ¾ teáskanál sóval és némi borssal ízesítjük.
f) Tegye át a salátát egy nagy, sekély tálra, és terítse szét. A maradék petrezselyemmel díszítjük. Végül meglocsoljuk datolyasziruppal és olívaolajjal.

80.Petrezselymes és árpa saláta

ÖSSZETEVŐK:

- ¼ csésze / 40 g gyöngy árpa
- 5 uncia / 150 g feta sajt
- 5½ evőkanál olívaolaj
- 1 tk za'atar
- ½ teáskanál koriandermag, enyhén pirítva és összetörve
- ¼ tk őrölt kömény
- 3 uncia / 80 g lapos levelű petrezselyem, levelek és finom szárak
- 4 zöldhagyma apróra vágva (½ csésze / összesen 40 g)
- 2 gerezd fokhagyma, összetörve
- ⅓ csésze / 40 g kesudió, enyhén pirítva és durvára törve
- 1 zöldpaprika kimagozva és 1 cm-es kockákra vágva
- ½ teáskanál őrölt szegfűbors
- 2 evőkanál frissen facsart citromlé
- sót és frissen őrölt fekete borsot

UTASÍTÁS:

a) Helyezzük az árpát egy kis serpenyőbe, öntsük fel bő vízzel, és forraljuk 30-35 percig, amíg megpuhul, de finoman. Finom szitára öntjük, felrázzuk, hogy az összes vizet eltávolítsa, és egy nagy tálba tesszük.

b) A fetát durva, körülbelül 2 cm-es darabokra törjük, és egy kis tálban keverjük össze 1½ evőkanál olívaolajjal, a za'atarral, a koriandermaggal és a köménnyel. Óvatosan keverjük össze, és hagyjuk pácolódni, amíg elkészítjük a többi salátát.

c) A petrezselymet apróra vágjuk, és egy tálba tesszük a zöldhagymával, fokhagymával, kesudióval, borssal, szegfűborssal, citromlével, a maradék olívaolajjal és a főtt árpával. Jól összekeverjük és ízlés szerint fűszerezzük. Tálaláskor a salátát négy tányérra osztjuk, és a tetejére tesszük a pácolt fetát.

81.Zsíros saláta

ÖSSZETEVŐK:
- 2 paradicsom, felkockázva
- 1 uborka, felkockázva
- 1 vöröshagyma, apróra vágva
- 1 zöld kaliforniai paprika, kockára vágva
- 1 csésze retek, szeletelve
- 1 csésze friss petrezselyem, apróra vágva
- 1 csésze pirított pita kenyér, darabokra tépve
- 1/4 csésze olívaolaj
- 2 evőkanál citromlé
- 1 teáskanál őrölt szömörce
- Só és bors ízlés szerint

UTASÍTÁS:
a) Egy nagy tálban keverje össze a paradicsomot, az uborkát, a lilahagymát, a zöldpaprikát, a retket és a petrezselymet.
b) Adjuk hozzá a pirított pita kenyérdarabokat.
c) Egy kis tálban keverjük össze az olívaolajat, a citromlevet, a szömörcet, a sót és a borsot.
d) Az öntetet a salátára öntjük, és tálalás előtt óvatosan átforgatjuk.

82.Fűszeres sárgarépa saláta

ÖSSZETEVŐK:
- 6 nagy sárgarépa, meghámozva (összesen kb. 1½ font / 700 g)
- 3 evőkanál napraforgóolaj
- 1 nagy hagyma apróra vágva (2 csésze / összesen 300 g)
- 1 evőkanál Pilpelchuma vagy 2 evőkanál harissa (bolti, vagy lásd a receptet)
- ½ teáskanál őrölt kömény
- ½ teáskanál köménymag, frissen őrölt
- ½ teáskanál cukor
- 3 evőkanál almaecet
- 1½ csésze / 30 g rukkolalevél
- só

UTASÍTÁS:
a) A sárgarépát egy nagy serpenyőbe tesszük, felöntjük vízzel, és felforraljuk. Csökkentse a hőt, fedje le, és főzze körülbelül 20 percig, amíg a sárgarépa megpuhul. Csöpögtessük le, és ha már eléggé lehűlt a kezeléshez, vágjuk 0,5 cm-es szeletekre.

b) Amíg a sárgarépa fő, egy nagy serpenyőben felforrósítjuk az olaj felét. Adjuk hozzá a hagymát, és főzzük közepes lángon 10 percig, amíg aranybarna nem lesz.

c) A megpirított hagymát egy nagy keverőtálba billentjük, és hozzáadjuk a pilpelchumát, a köményt, a köményt, a ¾ teáskanál sót, a cukrot, az ecetet és a maradék olajat. Hozzáadjuk a sárgarépát és jól összeforgatjuk. Hagyja félre legalább 30 percig, hogy az ízek beérjenek.

d) Rendezzük a salátát egy nagy tálra, és menet közben szórjuk meg a rukkolával.

LEVESEK

83.Vízitorma és csicseriborsó leves rózsavízzel

ÖSSZETEVŐK:

- 2 közepes sárgarépa (összesen 9 uncia / 250 g), ¾ hüvelykes / 2 cm-es kockákra vágva
- 3 evőkanál olívaolaj
- 2½ tk ras el hanout
- ½ teáskanál őrölt fahéj
- 1½ csésze / 240 g főtt csicseriborsó, frissen vagy konzervként
- 1 közepes vöröshagyma, vékonyra szeletelve
- 2½ evőkanál / 15 g hámozott és apróra vágott friss gyömbér
- 2½ csésze / 600 ml zöldségalaplé
- 200 g vízitorma
- 3½ oz / 100 g spenótlevél
- 2 tk szuperfinom cukor
- 1 teáskanál rózsavíz
- só
- Görög joghurt, tálaláshoz (elhagyható)
- Melegítsük elő a sütőt 425°F / 220°C-ra.

UTASÍTÁS:

a) Keverjük össze a sárgarépát 1 evőkanál olívaolajjal, a ras el hanouttal, a fahéjjal és egy bőséges csipet sóval, majd egy sütőpapírral bélelt tepsibe terítsük. Tegyük a sütőbe 15 percre, majd adjuk hozzá a csicseriborsó felét, jól keverjük össze, és főzzük további 10 percig, amíg a sárgarépa megpuhul, de még csíp.
b) Közben a hagymát és a gyömbért egy nagy serpenyőbe tesszük. A maradék olívaolajon körülbelül 10 percig pároljuk közepes lángon, amíg a hagyma teljesen megpuhul és aranyszínű lesz. Adjuk hozzá a maradék csicseriborsót, alaplevet, vízitormát, spenótot, cukrot és ¾ teáskanál sót, jól keverjük össze, és forraljuk fel. Főzzük egy-két percig, amíg a levelek megfonnyadnak.
c) Egy robotgép vagy turmixgép segítségével simára keverjük a levest. Adjuk hozzá a rózsavizet, keverjük össze, kóstoljuk meg, és ízlés szerint adjunk hozzá még sót vagy rózsavizet. Tedd félre, amíg a sárgarépa és a csicseriborsó elkészül, majd melegítsd fel a tálaláshoz.
d) A tálaláshoz osszuk el a levest négy tálba, és öntsük a tetejére a forró sárgarépát és a csicseriborsót, és ha úgy tetszik, adagonként körülbelül 2 teáskanál joghurtot.

84.Forró joghurt és árpaleves

ÖSSZETEVŐK:

- 6¾ csésze / 1,6 liter víz
- 1 csésze / 200 g gyöngy árpa
- 2 közepes hagyma, apróra vágva
- 1½ teáskanál szárított menta
- 4 evőkanál / 60 g sótlan vaj
- 2 nagy tojás, felverve
- 2 csésze / 400 g görög joghurt
- ⅔ oz / 20 g friss menta, apróra vágva
- ⅓ uncia / 10 g lapos petrezselyem, apróra vágva
- 3 zöldhagyma, vékonyra szeletelve
- sót és frissen őrölt fekete borsot

UTASÍTÁS:

a) Forraljuk fel a vizet az árpával egy nagy serpenyőben, adjunk hozzá 1 teáskanál sót, és pároljuk, amíg az árpa meg nem fő, de még mindig al dente, 15-20 percig. Levesszük a tűzről. A főzés után 4¾ csésze / 1,1 liter főzőfolyadékra lesz szüksége a leveshez; töltsön fel vizet, ha a párolgás miatt kevesebb marad.

b) Amíg az árpa fő, a hagymát és a szárított mentát közepes lángon a vajban puhára pároljuk, körülbelül 15 perc alatt. Ezt adjuk a főtt árpához.

c) A tojásokat és a joghurtot egy nagy hőálló keverőtálban habosra keverjük. Lassan, egy-egy merőkanállal keverjük hozzá az árpából és a vízből, amíg a joghurt fel nem melegszik. Ez temperálja a joghurtot és a tojást, és megakadályozza, hogy szétesjenek, amikor a forró folyadékhoz adják.

d) Adjuk hozzá a joghurtot a leveses fazékhoz, és tegyük vissza közepes lángra, folyamatos kevergetés mellett, amíg a leves nagyon enyhén forr. Levesszük a tűzről, hozzáadjuk az apróra vágott fűszernövényeket és a zöldhagymát, és ellenőrizzük a fűszerezést.

e) Forrón tálaljuk.

85.Cannellini bableves és bárányleves

ÖSSZETEVŐK:

- 1 evőkanál napraforgóolaj
- 1 kis hagyma (összesen 150 g), apróra vágva
- ¼ kis zellergyökér, meghámozva és 0,5 cm-es kockákra vágva (összesen 170 g)
- 20 nagy gerezd fokhagyma, meghámozva, de egészben
- 1 tk őrölt kömény
- 1 font / 500 g báránypörkölt hús (vagy marhahús, ha úgy tetszik), ¾ hüvelykes / 2 cm-es kockákra vágva
- 7 csésze / 1,75 liter víz
- ½ csésze / 100 g szárított cannellini vagy pinto bab, egy éjszakán át bő hideg vízben áztatva, majd lecsepegtetve
- 7 kardamom hüvely enyhén összetörve
- ½ teáskanál őrölt kurkuma
- 2 evőkanál paradicsompüré
- 1 tk szuperfinom cukor
- 250 g Yukon Gold vagy más sárga húsú burgonya, meghámozva és 2 cm-es kockákra vágva
- sót és frissen őrölt fekete borsot
- kenyér, tálalni
- frissen facsart citromlé, tálaláshoz
- apróra vágott koriander vagy Zhoug

UTASÍTÁS:

a) Egy nagy serpenyőben hevítsük fel az olajat, és főzzük a hagymát és a zellergyökeret közepes lángon 5 percig, vagy amíg a hagyma el nem kezd barnulni. Adjuk hozzá a fokhagymagerezdeket és a köményt, és főzzük további 2 percig. Vedd le a tűzről és tedd félre.

b) Helyezze a húst és a vizet egy nagy serpenyőbe vagy holland sütőbe közepesen magas hőfokon, forralja fel, csökkentse a hőt, és lassú tűzön párolja 10 percig, gyakran meghámozva a felületet, amíg tiszta húslevest nem kap. Adjuk hozzá a hagymát és a zellergyökér keveréket, a lecsepegtetett babot, a kardamomot, a kurkumát, a paradicsompürét és a cukrot. Forraljuk fel, fedjük le, és lassú tűzön pároljuk 1 órán át, vagy amíg a hús megpuhul.

c) Adjuk hozzá a burgonyát a leveshez, és ízesítsük 1 teáskanál sóval és ½ teáskanál fekete borssal.
d) Forraljuk vissza, csökkentsük a lángot, és fedő nélkül pároljuk további 20 percig, vagy amíg a burgonya és a bab megpuhul. A levesnek sűrűnek kell lennie. Ha szükséges, hagyja egy kicsit tovább buborékolni, hogy csökkentse, vagy adjon hozzá egy kevés vizet. Kóstoljuk meg és adjunk hozzá ízlés szerint további fűszereket.
e) Tálaljuk a levest kenyérrel, citromlével és friss, apróra vágott korianderrel vagy zhouggal.

86. Tenger gyümölcsei és édeskömény leves

ÖSSZETEVŐK:

- 2 evőkanál olívaolaj
- 4 gerezd fokhagyma, vékonyra szeletelve
- 2 édesköményhagyma (összesen 10½ uncia / 300 g), levágva és vékony szeletekre vágva
- 1 nagy viaszos burgonya (összesen 200 g), meghámozva és 1,5 cm-es kockákra vágva
- 3 csésze / 700 ml halalaplé (vagy csirke- vagy zöldségalaplé, ha tetszik)
- ½ közepesen tartósított citrom (összesen ½ oz / 15 g), boltban vásárolt vagy lásd a receptet
- 1 piros chili, szeletelve (elhagyható)
- 6 paradicsom (14 uncia / 400 g összesen), meghámozva és negyedekre vágva
- 1 evőkanál édes paprika
- jó csipet sáfrány
- 4 evőkanál finomra vágott lapos petrezselyem
- 4 filé tengeri sügér (összesen kb. 10½ uncia / 300 g), bőrrel, félbe vágva
- 14 kagyló (összesen kb. 8 uncia / 220 g)
- 15 kagyló (összesen kb. 4½ uncia / 140 g)
- 10 tigrisrák (összesen kb. 8 uncia / 220 g), héjában vagy meghámozva és kifejezve
- 3 evőkanál arak, ouzo vagy pernod
- 2 tk apróra vágott tárkony (elhagyható)
- sót és frissen őrölt fekete borsot

UTASÍTÁS:

a) Tegye az olívaolajat és a fokhagymát egy széles, alacsony peremű serpenyőbe, és közepes lángon süsse 2 percig anélkül, hogy a fokhagymát elszínezné. Keverjük hozzá az édesköményt és a burgonyát, és főzzük további 3-4 percig. Adjuk hozzá az alaplevet és a tartósított citromot, ízesítsük ¼ teáskanál sóval és némi fekete borssal, forraljuk fel, majd fedjük le, és lassú tűzön főzzük 12-14 percig, amíg a burgonya megpuhul. Adjuk hozzá a chilit (ha használunk), a paradicsomot, a fűszereket és a petrezselyem felét, és főzzük további 4-5 percig.

b) Ekkor adjon hozzá további 1¼ csésze / 300 ml vizet, egyszerűen annyit, amennyi ahhoz szükséges, hogy ellepje a halat a buggyantásra, majd forralja újra lassú tűzön. Adjuk hozzá a tengeri sügért és a kagylókat, fedjük le a serpenyőt, és hagyjuk 3-4 percig hevesen forralni, amíg a kagylók ki nem nyílnak, és a garnélarák rózsaszínűvé nem válik.
c) Egy lyukas kanál segítségével távolítsa el a halat és a kagylókat a levesből. Ha még mindig vizes, hagyjuk még pár percig forralni a levest, hogy lecsökkenjen. Adjuk hozzá az arakot, és kóstoljuk meg a fűszerezést.
d) Végül a kagylókat és a halat visszatesszük a levesbe, hogy felmelegítsük. Egyszerre tálaljuk, a maradék petrezselyemmel és a tárkonnyal díszítve, ha használunk.

87. Pisztácia leves

ÖSSZETEVŐK:

- 2 evőkanál forrásban lévő víz
- ¼ teáskanál sáfrányszál
- 1⅔ csésze / 200 g héjas, sótlan pisztácia
- 2 evőkanál / 30 g sótlan vaj
- 4 medvehagyma, apróra vágva (összesen 3½ oz / 100 g)
- 1 uncia / 25 g gyömbér, meghámozva és apróra vágva
- 1 póréhagyma apróra vágva (1¼ csésze / összesen 150 g)
- 2 tk őrölt kömény
- 3 csésze / 700 ml csirke alaplé
- ⅓ csésze / 80 ml frissen facsart narancslé
- 1 evőkanál frissen facsart citromlé
- sót és frissen őrölt fekete borsot
- tejföl, tálalni

UTASÍTÁS:

a) Melegítsük elő a sütőt 350°F / 180°C-ra. Öntsön forrásban lévő vizet a sáfrányszálakra egy kis csészében, és hagyja állni 30 percig.
b) A pisztácia héjának eltávolításához blansírozzuk a diót forrásban lévő vízben 1 percig, csepegtessük le, és amíg még forró, távolítsuk el a héját úgy, hogy ujjaink között nyomkodjuk a diót. Nem minden héj válik le, mint a mandula esetében – ez rendben van, mert nincs hatással a levesre –, de ha megszabadulunk egy héjtól, az javítja a színt, és világosabb zöld lesz. A pisztáciát egy tepsire terítjük, és a sütőben 8 percig sütjük. Kivesszük és hagyjuk kihűlni.
c) Melegítsük fel a vajat egy nagy serpenyőben, és adjuk hozzá a medvehagymát, gyömbért, póréhagymát, köményt, ½ teáskanál sót és egy kis fekete borsot. Közepes lángon, gyakran kevergetve 10 percig pároljuk, amíg a medvehagyma teljesen megpuhul. Adjuk hozzá az alaplevet és a sáfrányos folyadék felét. Fedjük le a serpenyőt, csökkentsük a hőt, és hagyjuk a levest 20 percig főni.
d) 1 evőkanálnyi pisztáciát tegyél egy nagy tálba a leves felével együtt. Kézi turmixgéppel turmixoljuk simára, majd tegyük vissza a serpenyőbe. Adjuk hozzá a narancs- és citromlevet, melegítsük fel, és ízesítsük a fűszerezéshez.
e) A tálaláshoz vágja durvára a fenntartott pisztáciát. A forró levest tálakba öntjük, és a tetejére egy kanál tejfölt teszünk. Megszórjuk a pisztáciával, és meglocsoljuk a maradék sáfrányos folyadékkal.

88. Égetett padlizsán és Mograbieh leves

ÖSSZETEVŐK:
- 5 kis padlizsán (összesen kb. 2½ font / 1,2 kg)
- napraforgóolaj, sütéshez
- 1 hagyma, szeletelve (kb. 1 csésze / összesen 125 g)
- 1 evőkanál köménymag, frissen őrölt
- 1½ teáskanál paradicsompüré
- 2 nagy paradicsom (12 uncia / 350 g összesen), meghámozva és felkockázva
- 1½ csésze / 350 ml csirke- vagy zöldségalaplé
- 1⅔ csésze / 400 ml víz
- 4 gerezd fokhagyma, zúzott
- 2½ teáskanál cukor
- 2 evőkanál frissen facsart citromlé
- ⅓ csésze / 100 g mograbieh, vagy alternatíva, például maftoul, fregola vagy óriási kuszkusz (lásd a Kuszkusz című részt)
- 2 evőkanál reszelt bazsalikom, vagy 1 evőkanál apróra vágott kapor, opcionális
- sót és frissen őrölt fekete borsot

UTASÍTÁS:
a) Kezdje azzal, hogy három padlizsánt eléget. Ehhez kövesse az Égetett padlizsán fokhagymával, citrommal és gránátalma magokkal című témakörben leírtakat .

b) Vágja a maradék padlizsánt 1,5 cm-es kockákra. Melegítsen fel körülbelül ⅔ csésze / 150 ml olajat egy nagy serpenyőben közepesen magas lángon. Amikor felforrt, hozzáadjuk a padlizsánkockákat. 10-15 percig sütjük, gyakran kevergetve, amíg mindenhol elszíneződik; ha szükséges, adjunk hozzá még egy kis olajat, hogy mindig legyen egy kis olaj a serpenyőben. A padlizsánt kivesszük, szűrőedénybe tesszük, hogy lecsepegjen, és megszórjuk sóval.

c) Győződjön meg róla, hogy körülbelül 1 evőkanál olaj maradt a serpenyőben, majd adjuk hozzá a hagymát és a köményt, és pároljuk körülbelül 7 percig, gyakran kevergetve. Adjuk hozzá a paradicsompürét, és főzzük még egy percig, mielőtt hozzáadjuk a paradicsomot, az alaplevet, a vizet, a fokhagymát, a cukrot, a citromlevet, a 1½ teáskanál sót és egy kis fekete borsot. 15 percig óvatosan pároljuk.

d) Közben forraljunk fel egy kis fazék sós vizet, és adjuk hozzá a mograbieh-t vagy az alternatívát. Főzzük al dente-ig; ez márkától függően változhat, de 15-18 percet vesz igénybe (ellenőrizze a csomagot). Leszűrjük és hideg víz alatt felfrissítjük.
e) A megégett padlizsánhúst a levesbe öntjük, és kézi turmixgéppel sima folyadékra turmixoljuk. Adjuk hozzá a mograbieh-t és a sült padlizsánt, hagyjuk a végén díszíteni, és pároljuk további 2 percig. Kóstoljuk meg és állítsuk be a fűszerezést. Forrón tálaljuk, a tetején a fenntartott mograbieh-vel és sült padlizsánnal, ízlés szerint bazsalikommal vagy kaporral díszítve.

89.Paradicsom - kovászleves

ÖSSZETEVŐK:
- 2 evőkanál olívaolaj, plusz plusz a befejezéshez
- 1 nagy hagyma apróra vágva (1⅔ csésze / összesen 250 g)
- 1 tk köménymag
- 2 gerezd fokhagyma, összetörve
- 3 csésze / 750 ml zöldségalaplé
- 4 nagy érett paradicsom apróra vágva (4 csésze / összesen 650 g)
- egy 14 uncia / 400 g-os doboz apróra vágott olasz paradicsom
- 1 evőkanál szuperfinom cukor
- 1 szelet kovászos kenyér (1½ uncia / 40 g összesen)
- 2 evőkanál apróra vágott koriander, plusz még a befejezéshez
- sót és frissen őrölt fekete borsot

UTASÍTÁS:
a) Egy közepes serpenyőben felforrósítjuk az olajat, és hozzáadjuk a hagymát. Pároljuk körülbelül 5 percig, gyakran kevergetve, amíg a hagyma áttetsző lesz. Adjuk hozzá a köményt és a fokhagymát, és pirítsuk 2 percig. Öntsük fel az alaplével, mindkét fajta paradicsomot, cukrot, 1 teáskanál sót és egy jó őrölt fekete borsot.

b) Forraljuk fel a levest enyhén lassú tűzön, és főzzük 20 percig, majd a főzés felénél hozzáadjuk a darabokra tépett kenyeret.

c) Végül adjuk hozzá a koriandert, majd turmixgéppel pár mozdulattal turmixoljuk össze, hogy a paradicsom letörjön, de még mindig kicsit durva és darabos legyen. A levesnek elég sűrűnek kell lennie; adjunk hozzá egy kevés vizet, ha túl sűrű lenne ezen a ponton. Olajjal meglocsolva és friss korianderrel megszórva tálaljuk.

90.Tiszta csirkeleves knaidlach-al

ÖSSZETEVŐK:
- 1 szabadtartású csirke, körülbelül 4½ lb / 2 kg, negyedekre osztva, az összes csonttal, plusz belsőségekkel, ha lehet kapni, és minden extra szárnyat vagy csontot, amit a hentestől kaphat
- 1½ teáskanál napraforgóolaj
- 1 csésze / 250 ml száraz fehérbor
- 2 sárgarépa, meghámozva és ¾ hüvelykes / 2 cm-es szeletekre vágva (összesen 2 csésze / 250 g)
- 4 zellerszár (összesen kb. 10½ uncia / 300 g), 6 cm-es szeletekre vágva
- 2 közepes hagyma (összesen kb. 12 uncia / 350 g), 8 szeletre vágva
- 1 nagy fehérrépa (7 uncia / 200 g), meghámozva, levágva és 8 részre vágva
- 2 uncia / 50 g csokor lapos petrezselyem
- 2 uncia / 50 g csokor koriander
- 5 szál kakukkfű
- 1 kis rozmaring ág
- ¾ oz / 20 g kapor, plusz a díszítéshez
- 3 babérlevél
- 3½ oz / 100 g friss gyömbér, vékonyra szeletelve
- 20 szem fekete bors
- 5 szegfűbors bogyó
- só

KNAIDLACH
- 2 extra nagy tojás
- 2½ evőkanál / 40 g margarin vagy csirkezsír, felolvasztva és kicsit hűlni hagyva
- 2 evőkanál finomra vágott lapos petrezselyem
- ⅔ csésze / 75 g macesalét
- 4 evőkanál szódavíz
- sót és frissen őrölt fekete borsot

UTASÍTÁS:
a) A knaidlach elkészítéséhez a tojásokat egy közepes tálban habosra verjük. Hozzákeverjük az olvasztott margarint, majd ½ teáskanál sót, kevés fekete borsot és a petrezselymet. Fokozatosan hozzákeverjük a maceszlisztet, majd a

szódavizet, és homogén masszává keverjük. Fedjük le a tálat, és hűtsük le a tésztát, amíg hideg és szilárd nem lesz, legalább egy-két órával és legfeljebb 1 nappal előre.
b) Egy tepsit kibélelünk műanyag fóliával. Vizes kézzel és egy kanállal kis dió méretű golyókat formázunk a masszából, és a tepsire tesszük.
c) Dobja a maceszgolyókat egy nagy fazék enyhén forrásban lévő sós vízbe. Részben fedjük le fedővel, és csökkentsük a hőt alacsonyra. Óvatosan pároljuk puhára, körülbelül 30 percig.
d) Egy lyukas kanál segítségével tegyük át a knaidlach-ot egy tiszta tepsire, ahol kihűlnek, majd hűtsük akár egy napig. Vagy egyenesen belemehetnek a forró levesbe.
e) A leveshez vágja le a felesleges zsírt a csirkéről, és dobja ki. Öntse az olajat egy nagyon nagy serpenyőbe vagy holland sütőbe, és süsse meg a csirkedarabokat nagy lángon minden oldalról 3-4 percig. Vegye ki a serpenyőből, öntse ki az olajat, és törölje le a serpenyőt.
f) Adjuk hozzá a bort, és hagyjuk egy percig forrni. Tegyük vissza a csirkét, öntsük fel vízzel, és forraljuk fel nagyon enyhén. Körülbelül 10 percig pároljuk, lefölözzük a habot.
g) Hozzáadjuk a sárgarépát, a zellert, a hagymát és a fehérrépát. Az összes fűszernövényt zsinórral kötegbe kötjük, és hozzáadjuk az edényhez. Adjuk hozzá a babérlevelet, a gyömbért, a szemes borsot, a szegfűborsot és a 1½ teáskanál sót, majd öntsük fel annyi vízzel, hogy mindent jól ellepjen.
h) Forraljuk vissza a levest nagyon enyhén, és főzzük másfél órán keresztül, időnként lefölözve, és szükség szerint adva hozzá vizet, hogy minden jól ellepje. Emeljük ki a csirkét a levesből, és távolítsuk el a húst a csontokról. Tartsa a húst egy tálban, kevés húslevessel, hogy nedves maradjon, és hűtsük le; tartalék más célra.
i) Tegyük vissza a csontokat az edénybe, és pároljuk még egy órán át, adjunk hozzá annyi vizet, hogy a csontokat és a zöldségeket ellepje. Szűrje le a forró levest, és dobja ki a fűszernövényeket, a zöldségeket és a csontokat. A főtt knaidlachot a levesben melegítjük.
j) Ha már felforrósodott, tálaljuk a levest és a knaidlach-ot sekély tálkákban, kaporral megszórva.

91.Fűszeres freekeh leves húsgombóccal

ÖSSZETEVŐK:

- 14 oz / 400 g darált marhahús, bárányhús vagy a kettő kombinációja
- 1 kis hagyma (összesen 150 g), apróra vágva
- 2 evőkanál finomra vágott lapos petrezselyem
- ½ teáskanál őrölt szegfűbors
- ¼ tk őrölt fahéj
- 3 evőkanál univerzális liszt
- 2 evőkanál olívaolaj
- sót és frissen őrölt fekete borsot
- LEVES
- 2 evőkanál olívaolaj
- 1 nagy hagyma (összesen 250 g), apróra vágva
- 3 gerezd fokhagyma, összetörve
- 2 sárgarépa (összesen 9 uncia / 250 g), meghámozva és 1 cm-es kockákra vágva
- 2 zellerszár (összesen 150 g), 1 cm-es kockákra vágva
- 3 nagy paradicsom (12 uncia / 350 g összesen), apróra vágva
- 2½ evőkanál / 40 g paradicsompüré
- 1 evőkanál baharat fűszerkeverék (bolti, vagy lásd a receptet)
- 1 evőkanál őrölt koriander
- 1 fahéjrúd
- 1 evőkanál szuperfinom cukor
- 1 csésze / 150 g repesztett freekeh
- 2 csésze / 500 ml marhahúsleves
- 2 csésze / 500 ml csirke alaplé
- 3¼ csésze / 800 ml forró víz
- ⅓ uncia / 10 g koriander, apróra vágva
- 1 citrom 6 szeletre vágva

UTASÍTÁS:

a) Kezdje a húsgombócokkal. Egy nagy tálban keverjük össze a húst, hagymát, petrezselymet, szegfűborsot, fahéjat, ½ teáskanál sót és ¼ teáskanál borsot. Kezével jól összekeverjük, majd a keverékből ping-pong méretű golyókat formázunk, és megforgatjuk a lisztben; kb. 15-öt kapsz. Melegítsd fel az olívaolajat egy nagy holland sütőben, és süsd közepes lángon

néhány percig a húsgombócokat minden oldalukon aranybarnára. A húsgombócokat kivesszük és félretesszük.
b) Törölje ki a serpenyőt papírtörlővel, és adjon hozzá olívaolajat a leveshez. Közepes lángon pirítsuk meg a hagymát és a fokhagymát 5 percig. Keverjük hozzá a sárgarépát és a zellert, és főzzük 2 percig. Adjuk hozzá a paradicsomot, a paradicsompürét, a fűszereket, a cukrot, 2 teáskanál sót és ½ teáskanál borsot, és főzzük még 1 percig. Keverjük hozzá a freekeh-t, és főzzük 2-3 percig. Adjuk hozzá az alaplevet, a forró vizet és a húsgombócokat. Forraljuk fel, csökkentsük a hőt, és lassú tűzön főzzük további 35-45 percig, időnként megkeverve, amíg a freekeh gömbölyű és puha nem lesz. A levesnek elég sűrűnek kell lennie. Csökkentse vagy adjon hozzá egy kevés vizet, ha szükséges. Végül kóstoljuk meg és igazítsuk hozzá a fűszerezést.
c) A forró levest öntsük tálalótálakba, és szórjuk meg a korianderrel. Az oldalára tálaljuk a citromkarikákat.

DESSZERT

92.Sfouf (kurkuma torta)

ÖSSZETEVŐK:

2 csésze búzadara
1 csésze univerzális liszt
2 csésze cukor
1 evőkanál őrölt kurkuma
1 teáskanál őrölt ánizs
1 teáskanál őrölt mahlab (opcionális)
1 evőkanál sütőpor
1 csésze növényi olaj
1 csésze víz
1 evőkanál tahini (a tepsi kikenéséhez)
Pirított fenyőmag vagy mandula (díszítéshez)

UTASÍTÁS:

Melegítsd elő a sütőt 180°C-ra (350°F).
Egy négyzet vagy téglalap alakú tepsit kikenünk tahinivel.
Egy nagy keverőtálban keverje össze a búzadarát, az univerzális lisztet, a cukrot, az őrölt kurkumát, az őrölt ánizst, az őrölt mahlabot (ha használ) és a sütőport. Jól összekeverni.
Adjunk hozzá növényi olajat a száraz hozzávalókhoz és keverjük össze.
Folyamatos kevergetés mellett fokozatosan adjuk hozzá a vizet, amíg sima tésztát nem kapunk.
Öntsük a masszát a kivajazott tepsibe, egyenletesen osszuk el.
Díszítsük a tészta tetejét pirított fenyőmaggal vagy mandulával, enyhén nyomkodjuk a tésztába.
Előmelegített sütőben körülbelül 30-35 percig sütjük, vagy amíg a közepébe szúrt fogpiszkáló tisztán ki nem jön.
Hagyja kihűlni a sfouf-ot a serpenyőben, mielőtt négyzetekre vagy rombuszokra szeletelné.

93.Mamoul dátumokkal

ÖSSZETEVŐK:
A TÉSZTÁHOZ:
- 3 csésze búzadara
- 1 csésze univerzális liszt
- 1 csésze sózatlan vaj, olvasztott
- 1/2 csésze kristálycukor
- 1/4 csésze rózsavíz vagy narancsvirágvíz
- 1/4 csésze tej
- 1 teáskanál sütőpor

A DÁTUM KITÖLTÉSÉHEZ:
- 2 csésze kimagozott datolya, apróra vágva
- 1/2 csésze víz
- 1 evőkanál vaj
- 1 teáskanál őrölt fahéj

POROLÁSHOZ (OPCIONÁLIS):
- Porcukor a porozáshoz

UTASÍTÁS:
KITÖLTÉS DÁTUMA:
a) Egy serpenyőben keverje össze az apróra vágott datolyát, a vizet, a vajat és az őrölt fahéjat.
b) Közepes lángon, folyamatos kevergetés mellett addig főzzük, amíg a datolya megpuhul, és a keverék pasztaszerű állagúra be nem sűrűsödik.
c) Levesszük a tűzről és hagyjuk kihűlni.

MAMOUL TÖSZTA:
d) Egy nagy keverőtálban keverje össze a búzadarát, az univerzális lisztet és a sütőport.
e) Az olvasztott vajat hozzáadjuk a lisztes keverékhez, és jól összedolgozzuk.
f) Egy külön tálban keverje össze a cukrot, a rózsavizet (vagy narancsvirágvizet) és a tejet. Addig keverjük, amíg a cukor fel nem oldódik.
g) Adjuk hozzá a folyékony keveréket a lisztes keverékhez, és addig gyúrjuk, amíg sima tésztát nem kapunk. Ha túl omlós a tészta, adhatunk hozzá még egy kis olvasztott vajat vagy tejet.
h) Fedjük le a tésztát, és hagyjuk pihenni körülbelül 30 perctől egy óráig.

i) **A MAMOUL SÜTI ÖSSZESZERELÉSE:**
j) Melegítsd elő a sütőt 175°C-ra (350°F).
k) Vegyünk egy kis adagot a tésztából, és formáljunk belőle golyót. Lapítsd el a labdát a kezedben, és helyezz a közepére egy kis mennyiségű datolyatölteléket.
l) A tölteléket a tésztával sima golyó vagy kupola formára formázzuk. Mamoul formákat használhatsz díszítéshez, ha van ilyen.
m) A megtöltött sütiket sütőpapírral bélelt tepsire tesszük.
n) 15-20 percig sütjük, vagy amíg az alja aranybarna nem lesz. Előfordulhat, hogy a felsők nem nagyon változtatják a színüket.
o) Hagyja néhány percig hűlni a sütiket a sütőlapon, mielőtt rácsra helyezi őket, hogy teljesen kihűljenek.

OPCIONÁLIS PORSZÍVÁS:
p) Ha a Mamoul keksz teljesen kihűlt, porcukorral meghinthetjük.

94.Baklava

ÖSSZETEVŐK:

- 1 csomag filo tészta
- 1 csésze sózatlan vaj, olvasztott
- 2 csésze vegyes dió (dió, pisztácia), apróra vágva
- 1 csésze kristálycukor
- 1 teáskanál őrölt fahéj
- 1 csésze méz
- 1/4 csésze víz
- 1 teáskanál rózsavíz (elhagyható)

UTASÍTÁS:

a) Melegítsük elő a sütőt 350 °F-ra (175 °C).
b) Egy tálban keverjük össze a darált diót a cukorral és a fahéjjal.
c) Helyezzen egy filo tésztát egy kivajazott tepsibe, kenje meg olvasztott vajjal, és ismételje meg körülbelül 10 rétegben.
d) Szórjunk rá egy réteg diós keveréket a phyllora.
e) Folytassa a phyllo és a dió rétegezését, amíg el nem fogynak a hozzávalók, és a legfelső réteg phyllo-val fejezze be.
f) Éles késsel vágja a baklavát gyémánt vagy négyzet alakúra.
g) Süssük 45-50 percig, vagy amíg aranybarna nem lesz.
h) Amíg a baklava sül, melegítse fel a mézet, a vizet és a rózsavizet (ha használ) egy serpenyőben alacsony lángon.
i) Ha elkészült a baklava, azonnal öntsük rá a forró mézes keveréket.
j) Tálalás előtt hagyjuk kihűlni a baklavát.

95.Mafroukeh (S emolina és mandulás desszert)

ÖSSZETEVŐK:

- 2 csésze búzadara
- 1 csésze sótlan vaj
- 1 csésze kristálycukor
- 1 csésze teljes tej
- 1 csésze blansírozott mandula, pirítva és apróra vágva
- Egyszerű szirup (1 csésze cukor, 1/2 csésze víz, 1 teáskanál narancsvirágvíz, sziruposra főzve)

UTASÍTÁS:

a) Egy serpenyőben olvasszuk fel a vajat és adjuk hozzá a búzadarát. Folyamatosan keverjük aranybarnára.
b) Adjunk hozzá cukrot, és keverjük tovább, amíg jól össze nem áll.
c) Lassan, keverés közben adjuk hozzá a tejet, hogy elkerüljük a csomósodást. Addig főzzük, amíg a keverék besűrűsödik.
d) Levesszük a tűzről, és belekeverjük a pirított és aprított mandulát.
e) A keveréket egy tálba nyomkodjuk, és hagyjuk kihűlni.
f) Gyémánt formákra vágjuk, és az elkészített egyszerű szirupot a mafroukehre öntjük.
g) Tálalás előtt hagyja, hogy felszívja a szirupot.

96.Pirospaprika és sült tojásgalette

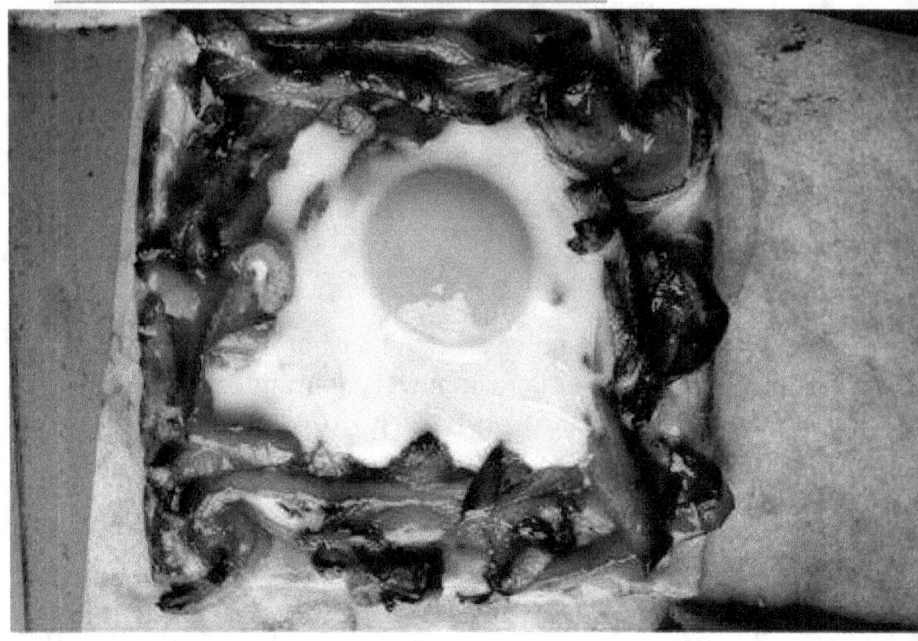

ÖSSZETEVŐK:

- 4 közepes piros paprika, félbevágva, kimagozva és 1 cm széles csíkokra vágva
- 3 kis hagyma, félbevágva és ¾ hüvelyk / 2 cm széles szeletekre vágva
- 4 kakukkfű gally, levele leszedve és felaprítva
- 1½ teáskanál őrölt koriander
- 1½ teáskanál őrölt kömény
- 6 evőkanál olívaolaj, plusz extra a befejezéshez
- 1½ evőkanál lapos levelű petrezselyemlevél, durvára vágva
- 1½ evőkanál korianderlevél, durvára vágva
- 250 g legjobb minőségű, csupa vajas leveles tészta
- 2 evőkanál / 30 g tejföl
- 4 nagy szabadtartású tojás (vagy 5½ oz / 160 g feta sajt, morzsolva), plusz 1 tojás, enyhén felverve
- sót és frissen őrölt fekete borsot

UTASÍTÁS:

a) Melegítsük elő a sütőt 400°F / 210°C-ra. Egy nagy tálban keverjük össze a paprikát, hagymát, kakukkfű leveleket, őrölt fűszereket, olívaolajat és egy jó csipet sót. Egy serpenyőben kinyújtjuk, és 35 percig sütjük, közben párszor megkeverjük. A zöldségeknek puhának és édesnek kell lenniük, de nem túl ropogósak vagy barnák, mert tovább sülnek. Vegyük ki a sütőből, és keverjük hozzá a friss fűszernövények felét. Kóstoljuk meg a fűszerezést, és tegyük félre. Melegítse a sütőt 220°C-ra.

b) Enyhén lisztezett felületen nyújtsa ki a leveles tésztát egy 12 hüvelykes / 30 cm-es, körülbelül 3 mm vastagságú négyzetre, és vágja négy darab 15 cm-es négyzetre. Szurkáljuk meg villával a négyzeteket, és tegyük jó távolságra sütőpapírral bélelt tepsire. Hűtőben pihentetjük legalább 30 percig.

c) A tésztát kivesszük a hűtőből, a tetejét és az oldalát megkenjük felvert tojással. Egy eltolt spatula vagy egy kanál háta segítségével kenjen meg 1½ teáskanál tejfölt minden négyzetre, hagyva egy 0,5 cm-es szegélyt a széleken. A tejföllel bevont négyzetek tetejére 3 evőkanál borskeveréket helyezünk, hagyjuk, hogy a szegélyek megemelkedjenek.

Meglehetősen egyenletesen kell elosztani, de hagyjunk a közepén egy sekély mélyedést, hogy később beleférjen egy tojás.

d) A galettet 14 percig sütjük. Vegyük ki a tepsit a sütőből, és óvatosan törjünk bele egy egész tojást a tészta közepén lévő mélyedésbe. Tegyük vissza a sütőbe, és süssük további 7 percig, amíg a tojások megpuhulnak. Megszórjuk fekete borssal és a maradék fűszernövényekkel, és meglocsoljuk olajjal. Egyszerre tálaljuk.

97.Gyógynövényes pite

ÖSSZETEVŐK:

- 2 evőkanál olívaolaj, plusz plusz a tészta megkenéséhez
- 1 nagy hagyma, felkockázva
- 1 font / 500 g mángold, a szár és a levelek finomra aprítva, de külön tartva
- 5 oz / 150 g zeller, vékonyra szeletelve
- 1¾ oz / 50 g zöldhagyma apróra vágva
- 1¾ oz / 50 g rukkola
- 1 uncia / 30 g lapos petrezselyem, apróra vágva
- 1 uncia / 30 g menta, apróra vágva
- ¾ oz / 20 g kapor, apróra vágva
- 4 oz / 120 g anari vagy ricotta sajt, morzsolva
- 3½ oz / 100 g érlelt Cheddar sajt, reszelve
- 2 uncia / 60 g feta sajt, morzsolva
- 1 citrom reszelt héja
- 2 nagy szabadtartású tojás
- ⅓ teáskanál só
- ½ teáskanál frissen őrölt fekete bors
- ½ tk szuperfinom cukor
- 9 uncia / 250 g filo tészta

UTASÍTÁS:

a) Melegítse elő a sütőt 400°F / 200°C-ra. Öntse az olívaolajat egy nagy, mély serpenyőbe közepes lángon. Adjuk hozzá a hagymát, és pirítsuk 8 percig barnulás nélkül. Adjuk hozzá a mángold szárát és a zellert, és főzzük tovább 4 percig, időnként megkeverve. Adjuk hozzá a mángold leveleket, emeljük a hőt közepesen magasra, és főzzük 4 percig, amíg a levelek megfonnyadnak. Adjuk hozzá a zöldhagymát, a rukkolát és a fűszernövényeket, és főzzük még 2 percig. Levesszük a tűzről, és szűrőedénybe tesszük kihűlni.

b) Ha a keverék kihűlt, nyomjon ki annyi vizet, amennyit csak tud, és tegye át egy keverőtálba. Adjuk hozzá a három sajtot, a citromhéjat, a tojást, a sót, a borsot és a cukrot, és jól keverjük össze.

c) Kiterítünk egy filótésztalapot, és megkenjük kevés olívaolajjal. Fedje le egy másik lappal, és folytassa ugyanilyen módon, amíg 5 réteg olajjal megkent filo nem lesz, és mindegyik elég nagy területet fed le egy 8½ hüvelykes / 22 cm-es pitetál oldalára és aljára, plusz plusz a pereme fölé lógni. . Bélelje ki a piteformát a tésztával, töltse meg a fűszernövénykeverékkel, és hajtsa rá a felesleges tésztát a töltelék szélére, szükség szerint vágja le a tésztát, hogy ¾ hüvelykes / 2 cm-es szegélyt hozzon létre.

d) Készítsen még egy készletet 5 olajjal megkent filorétegből, és helyezze a pite fölé. A tésztát kissé megdörzsöljük, hogy hullámos, egyenetlen tetejét kapjuk, és vágjuk le a széleit úgy, hogy éppen fedje a pitét. Megkenjük olívaolajjal, és 40 percig sütjük, amíg a filo szép aranybarna nem lesz. A sütőből kivéve melegen vagy szobahőmérsékleten tálaljuk.

98. Burekas

ÖSSZETEVŐK:
- 1 font / 500 g legjobb minőségű, csupa vajas leveles tészta
- 1 nagy szabadtartású tojás felverve

RICOTTA TÖLTETÉS
- ¼ csésze / 60 g túró
- ¼ csésze / 60 g ricotta sajt
- ⅔ csésze / 90 morzsolt feta sajt
- 2 tk / 10 g sózatlan vaj, olvasztott

PECORINO TÖLTETÉS
- 3½ evőkanál / 50 g ricotta sajt
- ⅔ csésze / 70 g reszelt érlelt pecorino sajt
- ⅓ csésze / 50 g reszelt érlelt cheddar sajt
- 1 póréhagyma, 2 hüvelykes / 5 cm-es szeletekre vágva, puhára blansírozva és finomra vágva (¾ csésze / összesen 80 g)
- 1 evőkanál apróra vágott lapos petrezselyem
- ½ teáskanál frissen őrölt fekete bors

MAGOK
- 1 tk nigella mag
- 1 tk szezámmag
- 1 tk sárga mustármag
- 1 tk köménymag
- ½ teáskanál chili pehely

UTASÍTÁS:
a) Nyújtsa ki a tésztát két 12 hüvelykes / 30 cm-es négyzetre, amelyek mindegyike 3 mm vastag. Sütőpapírral bélelt tepsire helyezzük a tésztalapokat – egymáson pihenhetnek, egy sütőlappal –, és 1 órára a hűtőbe tesszük.

b) A töltelék hozzávalóit külön edénybe helyezzük. Keverjük össze és tegyük félre. Keverje össze az összes magot egy tálban, és tegye félre.

c) Vágjon minden tésztalapot 10 cm-es négyzetekre; összesen 18 négyzetet kell kapnod. Az első töltelékét egyenletesen osszuk el a négyzetek felére, kanalazzuk minden négyzet közepére. Minden négyzet két szomszédos szélét megkenjük tojással, majd a négyzetet félbehajtva háromszöget alkotunk. Nyomjon ki minden levegőt, és szorosan szorítsa össze az oldalakat. Nagyon jól le akarod nyomni a széleit, hogy ne nyíljanak ki főzés közben. Ismételje meg a többi tészta négyzetekkel és a második töltelékkel. Sütőpapírral bélelt tepsire tesszük, és legalább 15 percre hűtőbe tesszük, hogy megszilárduljon. Melegítsük elő a sütőt 425°F / 220°C-ra.

d) Kenje meg mindegyik tészta két rövid szélét tojással, és mártsa be ezeket a széleket a magkeverékbe; csekély mennyiségű, mindössze ⅙ hüvelyk / 2 mm széles mag elegendő, mivel ezek meglehetősen dominánsak. Minden tészta tetejét is megkenjük egy kis tojással, elkerülve a magokat.

e) Ügyeljen arra, hogy a péksütemények körülbelül 1¼ hüvelyk / 3 cm távolságra legyenek egymástól. 15-17 percig sütjük, amíg mindenhol aranybarna nem lesz. Melegen vagy szobahőmérsékleten tálaljuk. Ha sütés közben a töltelék egy része kifolyik a péksüteményekből, csak óvatosan töltse vissza, amikor már kellően kihűlt kezelni.

99.Ghraybeh

ÖSSZETEVŐK:

- ¾ csésze plusz 2 evőkanál / 200 g ghí vagy tisztított vaj, a hűtőből, hogy szilárd legyen
- ⅔ csésze / 70 g cukrászcukor
- 3 csésze / 370 g univerzális liszt, szitált
- ½ teáskanál só
- 4 tk narancsvirágvíz
- 2½ teáskanál rózsavíz
- kb 5 evőkanál / 30 g sótlan pisztácia

UTASÍTÁS:

a) Habtartóval felszerelt állványos keverőben keverje össze a ghí-t és a cukrászati cukrot 5 percig, amíg habos, krémes és sápadt nem lesz. Cserélje ki a habverőt a habverővel, adjon hozzá lisztet, sót, narancsvirág- és rózsavizet, és keverje jó 3-4 percig, amíg egynemű, sima tésztát nem kap.

b) Csomagolja be a tésztát műanyag fóliába, és hűtse 1 órát.

c) Melegítsük elő a sütőt 350°F / 180°C-ra. Csípjen meg egy körülbelül 15 g tömegű tésztát, és görgessen labdává a tenyerei között. Kissé elsimítjuk, és sütőpapírral bélelt tepsire tesszük. Ismételje meg a többi tésztával, bélelt lapokra rendezve a sütiket, és jó távolságra egymástól. Mindegyik sütemény közepére nyomjunk 1 pisztáciát.

d) 17 percig sütjük, ügyelve arra, hogy a sütik ne kapjanak színt, hanem csak átsüljenek. A sütőből kivéve hagyjuk teljesen kihűlni.

e) Tárolja a sütiket légmentesen záródó edényben legfeljebb 5 napig.

100.Mutabbaq

ÖSSZETEVŐK:

- ⅔ csésze / 130 g sózatlan vaj, olvasztott
- 14 lap filótészta, 12 x 15½ hüvelyk / 31 x 39 cm
- 2 csésze / 500 g ricotta sajt
- 9 oz / 250 g puha kecsketej sajt
- zúzott sótlan pisztácia, díszítéshez (elhagyható)
- SZIRUP
- 6 evőkanál / 90 ml víz
- kerekített 1⅓ csésze / 280 g szuperfinom cukor
- 3 evőkanál frissen facsart citromlé

UTASÍTÁS:

a) Melegítsük elő a sütőt 450°F / 230°C-ra. Kenjen meg egy körülbelül 11 × 14½ hüvelyk / 28 × 37 cm-es, sekély peremű tepsit az olvasztott vajjal. A tetejére terítsen egy filolapot, a sarkokba dugja, és hagyja, hogy a szélei lelógjanak. Az egészet megkenjük vajjal, a tetejére egy másik lapot, és újra megkenjük vajjal. Ismételje meg a folyamatot, amíg 7 lap nem lesz egyenletesen egymásra rakva, mindegyiket vajjal megkenve.

b) A ricottát és a kecsketejes sajtot egy tálba tesszük, villával jól összedolgozzuk. Terítse el a felső filolapot úgy, hogy a széle körül hagyjon ¾ hüvelyket / 2 cm-t. Kenjük meg a sajt felületét vajjal, majd tegyük rá a maradék 7 filolapot, majd mindegyiket kenjük meg vajjal.

c) Olló segítségével vágjon le körülbelül 2 cm-re a szélétől, de anélkül, hogy elérné a sajtot, hogy jól zárva maradjon a tésztán belül. Ujjaival finoman húzza be a filo széleit a tészta alá, hogy szép széleket kapjon. Kenjük meg több vajjal az egészet. Éles késsel vágja fel a felületet nagyjából 7 cm-es négyzetekre, hogy a kés majdnem elérje az alját, de nem egészen. Süssük 25-27 percig, amíg aranybarna és ropogós nem lesz.

d) Amíg a tészta sül, elkészítjük a szirupot. A vizet és a cukrot egy kis lábasba tesszük, és fakanállal jól összekeverjük. Közepes lángra tesszük, felforraljuk, hozzáadjuk a citromlevet, és lassú tűzön 2 percig pároljuk. Levesszük a tűzről.

e) Lassan öntsük a szirupot a tésztára abban a percben, amikor kivesszük a sütőből, ügyelve arra, hogy egyenletesen beszívódjon. 10 percig hűlni hagyjuk. Szórjuk meg a darált pisztáciával, ha használunk, és vágjuk apróra.

KÖVETKEZTETÉS

Reméljük, hogy a libanoni konyhaművészet művészetének elsajátítása és Libanon vibráló ízeinek asztalára hozatalának öröme, ahogy befejezzük ízletes utazásunkat a „A LÉNYEGES LIBANI SZAKÁCSKÖNYV" című könyvben. Ezeken az oldalakon minden recept a frissesség, a merészség és a vendégszeretet ünnepe, amely meghatározza a libanoni ételeket – ékes bizonyítéka annak a gazdag ízvilágnak, amely a konyhát annyira kedveltté teszi.

Akár ízlelte a hummus egyszerűségét, akár a tabbouleh lágyszárúságát, akár beleélte magát a kibbeh és a shawarma gazdagságába, bízunk benne, hogy ezek a receptek lángra lobbantották a libanoni konyha iránti szenvedélyét. Az összetevőkön és a technikákon túl a libanoni konyha művészetének elsajátításának koncepciója váljon a kapcsolatok, az ünneplés és az embereket összehozó kulináris hagyományok megbecsülésének forrásává.

Miközben folytatja a libanoni konyha világának felfedezését, legyen az „A nélkülözhetetlen libanoni szakácskönyv" a megbízható társ, amely a Libanon esszenciáját megragadó ételek széles választékán kalauzolja el Önt. Itt élvezheti a merész és aromás ízeket, megoszthatja szeretteivel az ételeket, és átölelheti azt a melegséget és vendégszeretetet, amely meghatározza a libanoni konyhát. Sahtein!

www.ingramcontent.com/pod-product-compliance
Lightning Source LLC
Chambersburg PA
CBHW071306110526
44591CB00010B/794